성도입니까? (II)

Are You a True Christian ?

성도입니까? (II)

Are You a True Christian ?

참 성도로 이끄는 소그룹 시리즈
(성경 공부, 구역 공부, 청년 대학생)

성도입니까?(II)

Are You a True Christian ?

서 임 중 목사
황보 갑 목사 공저

신교횃불

20세기의 성자라 불린 간디가 갈파한 우리를 파멸케 하는 것들 일곱 가지 가운데 하나인 희생 없는 신앙은 오늘을 살아가는 그리스도인들이 새겨볼 말이다. '희생 없는 신앙'은 곧 교회의 몰락을 예고하는 경고이며, 성도가 성도로서의 기본자세를 잃어버렸다는 책망이기도 하다. 그리스도인이 소명(Calling)의 인지(認知)와 응답이 없다면, 사명(Mission)의 인지와 수행도 불가능하게 된다. 거기서 교회는 생명을 잃어가고 맛잃은 소금이 되어 세상에 밟히게 된다.

오늘의 교회 약점을 지적한다면 교회로서의 주기능의 혼돈이라고 할 수 있다. 다른 말로 표현하면 본질과 비본질의 혼돈이다. 교회의 본질이 무엇인지를 바르게 이해하지 못하는 데서 교회의 비본질이 나타나는 것이다. 그것은 한 마디로 성도로서의 본질을 상실했다는 뜻이다.

신학교에서 강의를 하면서, 교회 지도자 세미나 및 부흥 사경회 강사로 헌신하면서 늘 마음에 무거운 짐이 되는 것이 성도가 성도로서의 기본자세를 갖추지 못하고 신앙생활을 하는 것이었다.

입술의 고백은 요란한데 삶의 고백은 연출되지 못하는 근간이 성도로서의 기본을 알지 못하고 거룩한 하나님의 백성으로서의 지식이 부족한 것을 보고 느끼면서, 이 문제를 해결할 수 있는 것이 무엇인가를 고민하였다.

그러던 중 해외에서 한인교회 목회를 하면서 동일한 고민으로 아파하는 황보 갑 목사와 교회의 본질에 대하여 의논하던 중 성도로서의 본질에 대한 성경적 교훈과 그 가르침을 통해 성도로서의 교회 생활과 그리스도인으로서의 사회생활을, 빛과 소금으로서의 사명적 삶을 실천할 수 있는 길잡이 역할을 할 수 있는 교재를 발간하고자 하는 마음이 하나가 되었다.

이로 인하여 한국교회와 전 세계 이민교회의 목회 현장에서 실제적으로 경험된 다양한 문제들을 말씀으로 치유할 수 있고 보다 아름다운 그리스도인의 삶을 살아갈 수 있는 방법론으로서의 내용을 말씀을 통해 찾아 정리하게 되었다.

한국교회 성도들의 신앙과 삶은 필자가, 해외교회 성도들의 신앙과 삶은 황보 갑 목사가 목회 경험을 바탕으로 보다 구체적이며 실질적인 문제에 접근하여 성도가 성도로서의 소금과 빛된 삶을 살아갈 수 있는 본질회복에 역점을 두고 본 교재를 연구 집필하게 되었다.

보다 구체적인 성경적 깊이를 발견할 수 있도록 연구한 황보 갑 목사의 전문성과 영성에 경의를 표한다. 필자 또한 그것을 신앙생활에 적용하고 성령님의 인도하심을 경험하면서 성도로서의 보다 아름다운 삶을 실천할 수 있도록 하는데 주안점을 두고 본 교재를 집필하였다.

모쪼록 이 책이 사용되는 곳 마다 성령님의 역사가 일어나리라 믿으며 이 책이 출간될 수 있도록 물심양면으로 후원해 주신 포항중앙교회 당회에 심심한 감사를 드린다.

포항중앙교회 목양실에서
서임중 목사

성도입니까(Are You a True Christian?)

이 질문은 이 책을 접하는 당신을 향한 질문이요, 오늘의 교회를 향한 질문이요, 이 세대를 반영한 질문이다.

예수님 또한 질문하고 계신다. "인자가 올 때에 세상에서 믿음을 보겠느냐"(눅18:8). 주님의 간절한 소원(mind) 또한 말세에 참 성도(True Christian)를 찾고 계심을 볼 수 있다.

그동안 한국교회는 선교 1세기 짧은 기간 동안 외적인 교회성장에 몰두한 결과 놀라운 교회성장을 가져왔다. 특히 과거 선교사를 받던 나라에서 선교사를 전 세계에 파송하는 선교대국으로까지 급부상했다. 지역마다 수많은 교회가 세워졌고, 구름떼처럼 많은 사람들이 교회당 뜰을 밟고 다니며 또 다녀갔으며, 성도라는 이름으로 교회와 세상에서 살아가고 있다.

문제는 오늘날 한국교회에 대하여 많은 사람들이 위기라고 진단하고 있다는 것이다. 그 이유로 교회성장 감소, 세상으로부터 교회의 외면, 전도의 문이 막히고 있는 위기감 등을 들 수 있을 것이다. 그 위기의 원인이 외적인 요인도 있지만 보다 근원적인 문제점은 참 성도들의 모임인 교회가 되지 못했기 때문이다.

오늘의 한국 교회와 세계 이민교회의 성도를 바라보는 필자의 마음 또한 안타까움과 함께 무거운 책임을 통감한다. 주님 앞에 회개하는 눈물이 흐른다. '목자로서 주님이 맡겨주신 양 무리를 참 성도로 양육하는 데 최선을 다 했는가?'에 대한 스스로의 질문에 대한 회개이다.

본 교재를 집필하게 된 동기와 목적이 바로 여기에 있다. 이미 교회당 뜰을 밟고 성도란 이름은 가지고 있으나, "당신은 성도입니까?"라는 질문에 아멘으로 응답하지 못하는 수많은 종교인의 교인들을 참 신앙인의 성도로 양육하기 위함에 있다.

바라기는 본 교재가 한국교회와 전 세계 이민교회에서 사용되어 지금까지 종교인적 매너리즘에 빠져있는 신앙, 물량주의적인 신앙, 율법주의적인 신앙, 무속적인 신앙, 유교적인 신앙, 불교적인 신앙의 자리에 머물러 있는 수많은 성도들을 그 자리에서 불러내(Called Out) 예수 그리스도의 복음으로 돌아가서 참 성도의 정체성을 정립하는 계기가 되길 간절히 소망한다.

그리하여 참 성도가 모인 교회가 되어 세상에 복음의 빛과 맛내는 소금의 사명을 통해 예수님의 대위임령인 선교의 사명을 잘 감당함으로 날마다 구원받는 자가 더하는 교회가 되길 기도한다.

Glendale Korean Presbyterian Church 목양실에서

황보 갑 목사

교재 활용을 위한 제언

1. 목표

본 교재의 목표는 성도의 삶 가운데 구체적으로 주어지는 신앙과 삶에 대한 물음의 해답을 성서적으로 밝히 알게 함으로써, 성도 자신이 누구인가에 대한 분명한 성서적인 정체성을 발견하게 하여 하나님께서 성도를 세우신 그 뜻과 그 사명을 감당케 하는 데 있다.

2. 구성

당신은 지금 성도로서 다시 거듭 날 수 있는 놀라운 도구를 만났다.

이 교재는 여느 도구와 같이, 그 도구가 사용될 때 그 진가를 발견할 수 있다. 만약 당신이 본 교재를 도구로 사용한다면, 성도가 무엇인가에 대한 분명한 해답을 얻게 될 것이고, 또 당신의 삶 속에 구체적으로 적용한다면 비로소 이 교재의 효과를 실감나게 느끼게 될 것이다.

본 교재는 당신에게 질문할 것이다.

당신은 성도인가?

그리고 다음 10개의 주제의 질문을 받게 될 것이다.

제 1 권 / 성도의 관점(Point of view)이 전환되었습니까?

제 2 권 / 성도는 목적을 지닌 존재(being)임을 아십니까?

제 3 권 / 구원 받은 성도입니까?

제 4 권 / 성도는 왜 살아가고 있습니까?

제 5 권 / 새 힘을 공급받는 성도입니까?

제 6 권 / 성도의 신앙으로 자라가고 있습니까?

제 7 권 / 성도의 교회입니까?

제 8 권 / 성도의 가정입니까?

제 9 권 / 세상에 보냄을 받은 성도입니까?

제 10권 / 면류관 성도입니까?

본 교재는 당신의 삶 가운데서 주어지는 여러 질문을 스스로 신앙진단 해 고백하여야 하며, 그 진단의 물음에 대한 해답을 말씀을 통해 처방하게 됨으로써, 성도로서의 분명한 정체성을 발견하고 행복한 신앙의 삶을 살도록 인도할 것이다.

3. 본 교재 활용방법

본 교재는 6단계로 구성되어 있다.

1) 삶의 진단

이 단계는 그동안 자신이 생각하고 살아온 신앙의 삶에 대하여 진솔한 질문이 주어지는 단계다.

특히 그 동안 자신의 신앙에 대한 의문과 고뇌의 부분들을 함께 진단 할 수 있어야 한다.

2) 계시의 말씀

이 단계는 자신이 진단한 부분에 대하여 성경은 어떻게 말씀하고 있는가를 발견하는 단계다.

따라서 먼저 말씀을 깊이 묵상하고 체험해야 한다. 그리고 그 묵상한 말씀을 자신이 진단한 물음에 비추어 봄으로 지금까지 자신의 사고와 행위를 말씀을 통해 검증 받을 수 있을 것이다. 만약 자신의 사고와 진단에서 말씀의 현미경에 비추어 보아 왜곡된 부분이 발견되었다면 성경적인 신앙의 삶으로 수정하는 계기가 되어야 하며, 자신의 진단의 물음이 계시의 말씀과 일치하는 부분에 대하여는 더욱 더 발전시키는 기쁨을 얻을 수 있을 것이다.

말씀을 묵상하고 나눌 때 심화학습이나 보충 그리고 주석을 먼저 보지 말라. 그 이유는 하나님이 주시는 영감과 은혜를 차단하는 우를 범할 수 있기 때문이다. 말씀 묵상과 나눔 후 참고 내용을 살펴보라.

3) 진단과 말씀의 관계성

나 자신에 대한 진단을 계시된 말씀에 비추어서 보고, 자신이 말씀의 계시에 따른 분명한 신앙의 정체성을 정립하고 또 발견하여 확신해야 하는 단계다.

4) 변화

본 단계에서는 이미 성도의 정체성 정립에 따른 구체적인 사고와 삶의 변화를 기대하는 단계로서, 나, 가정, 교회, 세상에 적용한다.

5) 성도입니까?

본 단계는 본과의 마지막 단계로 "성도입니까?" 라는 질문에 분명히 고백을 할 수 있어야 한다. 더 나아가서 구체적인 자신의 삶을 정리하고 결단하여 몸 된 교회와 세상에서의 성도의 삶을 살도록 결단해야 한다.

6) 본 교재를 통한 공부는 진도에 제약을 받지 말고 충분한 말씀 묵상과 나눔이 필요하다. 시간의 제한이 있을 경우 함께 나눈 부분에서 그날의 공부를 마무리 하라.

7) 함께 찬양하고 기도하기

매번 성경공부는 매권 마지막에 있는 찬송을 뜨겁게 부르고 기도하며 옆 자리에 있는 형제자매의 손을 잡고 1분 정도 중보기도를 드리고 마무리해야 한다.

4. 본 과정에 임하는 자세

지금까지 교회의 많은 성경 프로그램에 참여했을 것이다. 그 성경공부 참여 동기가 교회의 성도와 직분자로서 의무감과 책임감에서 참여한 경우가 있고, 또 잘 아는 성도가 참여하니 자신도 참여하는 경우도 있고, 또 성경의 지식을 얻기 위해 참여한 경우 등 다양할 것이다.

본 성경공부에 참여하는 성도는 다음과 같은 분명한 자세를 가지고 성경공부에 참여하게 될 때 놀라운 영적인 은혜는 물론 삶의 변화를 가져올 것이다.

1) 본 과정의 성경공부가 자신의 생애의 처음이자 마지막이란 자세를 가지고 열린 마음과 열정으로 끝까지 참여한.

2) 본 성경공부 과정을 통하여 자신의 정체성이 무엇인가를 발견하겠다는 마음으로 참여한다.

3) 본 성경공부 과정에서 자신의 삶 가운데 의문시 되는 부분을 진솔히 진단하고 고백할 수 있는 용기가 필요하다.

4) 본 성경공부 과정에서 자신의 사고와 성경말씀의 이해가 상충되는 부분이 일어났을 때, 과감히 자신의 사고를 말씀의 사고로 전환시키려는 결단의 믿음이 요구된다.

5) 구원의 확신(Today, 고백, 동행, 증거)이 고백되어야 한다.

6) 성도로서의 교회가 무엇인가를 이해해야 한다.

7) 풍성한 은혜의 체험이 무엇인가 고백되어야 한다.

8) 성도의 삶으로 변화를 결단해야 한다.

| 차 례 |

제 7 권 성도의 교회입니까?

사색의 강가에서

침몰 사고가 잦은 위험한 해안에 작은 오두막 생명 구조소가 있었다. 장비라고는 보트 한 대뿐이었으나 소원(所員)들은 밤낮으로 쉬지 않고 조난자를 찾아 바다를 헤쳤다. 이 헌신적인 구조소에 의해 생명을 건진 사람들은 자신들의 재산과 시간을 바쳐 구조 사업을 돕기를 원했다. 새로운 보트가 구입되고 새로운 사람들이 입소해서 오두막 생명 구조소가 일약 유명해 졌다.

이제 사람들은 구조소의 오두막 건물이 너무 초라한 것을 못 마땅히 여기게 되었다. 드디어 오두막을 대신하여 아주 크고 아름다운 건물이 들어섰다. 이 웅장한 집은 일종의 사교장으로 사용되고 그 안에서는 매일 즐거운 교제가 계속되었다. 생명의 구조를 위하여 바다로 나가는 것에 관심을 가진 사람은 없어지고 대신 그 일을 위해서 몇몇 선원이 고용되었다.

간혹 구조되어 이 집에 실려 오는 사람들은 불결하거나 처참하기 그지없었다. 많은 회원들은 클럽의 사교 활동에 방해가 되고 불쾌하기도 한 구조 사업을 중단하기를 희망했다. 그러나 건물의 이름이 생명 구조소라 불리고 있음을 감안하여 단지 그 작은 지역 안에서만 구조 활동을 하기로 결의하였다. 세월이 흘러감에 따라 가까운 곳에는 또 다른 구조소가 세워졌고 새 구조소는 또 클럽으로 발전해 갔다. 그 바다를 지나가는 사람들은 해안을 따라 서 있는 수많은 배타적 클럽들을 볼 수 있었다. 그리고 그러한 건물들이 즐비함에도 불구하고 바다에서는 조난 사고를 당한 대부분의 사람들이 죽어 가고 있었다.

이는 데오도르 웨델(Theodore Wedel)이 교회가 직면하는 위험인 무관심을 묘사한 비유이다. 그 위험은 오늘의 교회가 외적인 성공을 거둘 때 더욱 심각한 것임을 지적한다.

—「사도행전적인 교회를 꿈꾼다」에서

성도의 교회입니까?

"성도의 교회입니까?"

이 질문은 이 책을 접한 당신을 향한 질문이다.

많은 분들에게 교회가 무엇인지 질문을 해 보았다.

그 대답은 구원을 얻기 위한 곳에서부터 성도들의 모임 그리고 축복을 받는 곳에 이르기까지 참으로 다양했다.

다시 한 번 묻는다.

"당신은 교회가 무엇입니까?"

교회(ἐκκλησία)는 하나님 나라(βασιλεία)를 이루기 위해 하나님으로부터 특별히 부르심과 택하심을 받은 신실한 성도(하나님의 백성)들의 모임이다.

성도가 교회에 대한 분명한 이해를 하고 신앙생활을 하면 그 삶의 중심이 하나님 나라를 위한 교회중심의 생활이 된다. 뿐만 아니라 성도는 구원의 감격과 하나님 나라의 의와 평강과 희락을 맛보는 천국 시민의 삶을 통해 세상에서 하나님 나라의 도구로서 빛과 소금의 사명을 다할 수 있다.

반면에 교회에 대한 바른 이해를 하지 못하고 신앙생활을 하면 병든 신앙생활을 하게 되고, 교회를 바라보는 눈은 하나님

중심이 아닌 자기중심이며, 또 교회를 자기 욕구를 채우는 모임으로 생각하게 된다. 이러한 교인들의 관심은 복음이나 구원 그리고 풍성한 은혜 체험과 세상을 향해 하나님 나라의 도구라는 사명감에서 떠나 교회의 건물, 외형, 그리고 물량주의에 관심을 가지게 된다. 또 이를 추구하기 위해서 이 교회 저 교회를 찾아다니는 나비 교인이 되며 파도처럼 밀려왔다 흩어지는 떠돌이 교회 생활을 하게 된다. 대개 이런 유형의 교인은 육적 신자, 무속적 신자, 유교적 신자, 불교적 신자, 율법적 신자, 신비주의 신자, 종교인 신자 등이며 세상에서 이들의 삶은 세상 사람들에게 짓밟히는 맛 잃은 소금의 존재로 전락하게 된다.

본 과에서는 교회가 무엇이며 현재 나 자신이 성도로서 소속된 교회에서 지금까지 어떤 교회 생활을 하고 있는지를 스스로 진단하고, 말씀을 통한 진정한 성도의 교회가 어떤 것인가를 함께 배우게 될 것이다.

1. 진단

다음 물음은 자신의 교회 생활에 대한 스스로의 진단이다. 지금까지의 교회생활에 대해 스스로 대답할 수 있고 또 경험한 바를 함께 나누어 보자.

당신은 교회의 의미를 이해하고 신앙생활 하고 있는가?

왜 교회가 성도의 모임인가?

____

하나님이 기뻐하는 교회는 어떤 성도들이 모인 교회인가?

____

왜 교회에 다니는가?

____

교회 생활에 기쁨이 있는가? 아니면 힘이 드는가?

____

주일이 기다려지는가?

____

진정한 예배를 드리고 있는가?

____

말씀을 통한 찔림과 회개의 은혜를 경험해 본 적이 있는가?

____

진정한 교제를 경험했는가?

____

준비된 예물을 드리고 있는가?

———————————————————————————————————

봉사의 기쁨이 있는가?

———————————————————————————————————

지체된 기쁨이 있는가?

———————————————————————————————————

세상을 향해 하나님의 나라 선교에 참여하고 있는가?

———————————————————————————————————

2. 말씀

성경은 교회가 무엇이며, 성도가 교회생활을 어떻게 해야 하는가를 명확히 제시하고 있다.

1) 교회가 무엇인가?

당신은 매주일 교회에 출석하고 있다. 성경은 교회에 대하여 어떻게 말씀하고 있는가?

① 교회의 이미지

당신은 교회라는 말에 어떤 이미지가 떠오르는가?

가령 건물, 사람, 조직 등과 관련하여 한 사람씩 나눠 보자.

② 교회

위의 질문에서 교회가 사람의 모임이라면 어떤 사람의 모임인가?

ⓐ 교회는 하나님이 세상으로부터 부르심(calling)과 택하심(chosen)을 받은 신실한 하나님 백성들로 구별된 성도들의 모임이다.

계17:14을 읽고 묵상하라.

"...또 그와 함께 있는 자들 곧 부르심(called)을 받고 택하심(chosen)을 받은 진실한 자들(faithful followers)도 이기리로다"

본문에서 교회란 의미를 충족하는 3 단어를 찾아 적어보라. 그리고 구체적인 설명을 하여 보라.

____

____

마22:1-14을 읽고 묵상하라.

교회는 부르심, 택하심, 신실한 성도들의 모임이다. 본문에서 교회의 의미인 부르심과 택하심과 관계된 말씀을 찾아 적어 보라.

____

____

본문은 천국 혼인 잔치의 비유다. 이 잔치는 초대와 심판의 의미를 함께 제시하고 있다. 교회와 관련하여 천국잔치에 부름받아 온 사람들의 참석 경위를 설명하여 보라. 교회의 복음 전파, 초청과 거절 그리고 복음의 만민의 초대 등에 착안하라.

____

____

　본문은 천국 혼인 잔치 비유로서 교회적 의미를 나타내고 있다. 다음에 언급된 자와 내용은 어떤 의미를 던져 주고 있는가?

임금_______________________________________

____

종들_______________________________________

____

초청_______________________________________

____

잔치_______________________________________

____

예복_______________________________________

____

초청, 택함, 심판의 자리, 만민복음(유대에서 이방), 선악인의 구별 등에 착안하라. 혼주는 임금(하나님)이고, 신랑은 예수 그리스도, 종들은 메신저로서 교회와 선지자, 초청은 복음의 전파, 예복은 심판대에서 선악인의 구별이다.

ⓑ 교회는 세상으로 보냄(sending)을 받는 그리스도인(성도)들의 모임이다.

요20:21을 읽고 묵상하라.

"예수께서 또 이르시되 너희에게 평강이 있을지어다 아버지께서 나를 보내신 것 같이 나도 너희를 보내노라"

본문은 예수께서 부활 후 제자들에게 나타나서 하신 말씀이다. 본문에 "너희는" 누구를 가리키는가?

____

____

본문에 "보낸다"는 의미를 알고 있는가?

____

____

마28:19-20을 읽고 묵상하라.

본문의 배경을 이해할 수 있는가?

____

예수님은 무엇을 위임하고 있는가?

"너희는" 누구라고 생각하는가?

그리스도의 대 위임령을 절대적인 것으로 받아들일 수 있는
가? 그 이유는?

당신도 이 위임령을 받은 사람으로 생각하는가?

③ 교회의 구성

교회가 건물이 아닌 사람들의 유기체적인 모임이라면 어떤
사람들의 모임인가?

고전1:2을 읽고 묵상하라.

"고린도에 있는 하나님의 교회 곧 그리스도 예수 안에서 거

룩하여지고 성도라 부르심을 받은 자들과 또 각처에서 우리의 주 되신 예수 그리스도의 이름을 부르는 모든 자들에게"

본문에서 교회는 어떤 사람들의 모임인가? 교회는 두 부류에 사람들의 이미지를 지니고 있다.

〈주석〉

성도란? 구약에서 사용된 〈하시드〉는 '경건함, 용납된 경건'이라는 의미가 있고, 〈카도쉬〉는 '거룩함, 구별되었다'는 의미가 있다. 시85:8에는 성도를 "하나님의 백성"으로 언급하였다.

신약성경에는 성도를 〈하기오스〉라고 했는데, '구별되었다'는 의미이다. 70인역에는 구약의 〈카도쉬〉를 〈하기오스〉로 번역하였다. 신약성경에는 "예수 그리스도의 성도들"로 표현하고 있다. 성도의 지위는 하나님께서 부르셨기 때문에 얻어진 것이다.

롬1:7을 읽고 묵상하라.

"로마에서 하나님의 사랑하심을 받고 성도로 부르심을 받은 모든 자에게 우리 아버지와 주 예수 그리스도로부터 은혜와 평강이 있기를 원하노라"

본문에서 성도의 지위는 어떻게 얻어지는가? 두 가지 의미를 본문에서 찾아보자.

성경은 교회의 본질에 대하여 예수님의 교회, 오순절 교회 그리고 그리스도의 몸으로서의 교회를 통해 계시하고 있다.

① 예수님의 교회

교회의 영원한 본질은 예수 그리스도의 교회에 있다.

마16:16-18을 읽고 묵상하라.

본문에서 예수님이 선포한 교회란 말의 의미를 이해할 수 있는가?

____

____

예수님이 선포한 교회의 본질은 무엇인가?

____

____

📖 **심화학습**

예수님의 교회는 우주적인 교회로서 열림을 지향한다.

예수님의 교회 기초는 베드로 위가 아닌 분명한 신앙고백 위에 세워졌다(마16:16).

뿐만 아니라 교회는 음부의 권세를 이기며 동시에 천국의 열쇠를 소유한 특권이 주어져 있다(마16:18–19).

② 오순절 교회

오순절 교회는 예수님이 보내시기로 약속하신 보혜사 성령을 받고 세워진 교회이다. 이 교회는 사도들과 성령 받고 거듭난 성도들로 세워진 교회이다.

행1:8을 읽고 묵상하라.

본문에 성령을 주신 가장 중요한 목적은 무엇인가?

____

____

당신이 성령을 받았다면 세상을 향해 보냄을 받은 자로 확신을 할 수 있는가?

____

____

행2:42-47을 읽고 묵상하라.

본문에서 오순절 교회의 특징을 말할 수 있는가?

____

____

현대교회는 소명의 특권만 주장하고, 세상을 향해 보냄을 받는 소명을 등한시 하는 경향이 있다.

당신의 교회와 성도는 어떠한가?

____

③ 그리스도의 몸으로서의 교회

예수님의 〈에클레시아〉는 오순절 교회의 탄생과 함께 이방을 향해 그리스도의 몸으로서의 교회로 세워갔다.

요15:5을 읽고 묵상하라.

"나는 포도나무요 너희는 가지라 그가 내 안에, 내가 그 안에 거하면 사람이 열매를 많이 맺나니 나를 떠나서는 너희가 아무 것도 할 수 없음이라"

본문은 그리스도의 몸인 교회에 대한 예수님의 의중을 나타낸 말씀이다. 교회를 그리스도의 몸이라고 할 때 몸과 지체에 있어 가장 중요한 관계는 무엇인가?

____

____

성도가 그리스도의 몸인 교회에 잘 붙어 있을 때 어떤 유익이 있는가?

____

____

고전12:12-27을 읽고 묵상하라.

본문에서 교회의 몸인 그리스도와 지체인 성도의 관계를 분명히 이해하고 설명할 수 있는가?

____

____

엡2:20-21을 읽고 묵상하라.

"너희는 사도들과 선지자들의 터 위에 세우심을 입은 자라. 그리스도 예수께서 친히 모퉁잇돌이 되셨느니라. 그의 안에서 건물마다 서로 연결하여 주 안에서 성전이 되어가고 너희도 성령 안에서 하나님의 거하실 처소가 되기 위하여 그리스도 예수 안에서 함께 지어져 가느니라"

본문은 교회를 사람의 유기체로서 건축에 비유하고 있다.

교회의 기초석인 모퉁잇돌은 누구인가?＿＿＿＿＿＿

＿＿＿＿＿＿＿＿＿＿＿＿＿＿＿＿＿＿＿＿＿＿＿＿

교회의 터는 누구인가?＿＿＿＿＿＿＿＿＿＿＿＿＿

＿＿＿＿＿＿＿＿＿＿＿＿＿＿＿＿＿＿＿＿＿＿＿＿

교회의 기둥은 누구이며 그 기둥과 연결된 지체는 누구인가?＿

＿＿＿＿＿＿＿＿＿＿＿＿＿＿＿＿＿＿＿＿＿＿＿＿

📖 심화학습

교회

1) 어원적 의미

예수님의 교회는 헬라어로 Ecclesia란 말이다. 이 Ecclesia는 '에크'(εκ)와 '카레오'(καλεω)의 합성어로 그 뜻은 "불러내었다"이다. 이 Ecclesia 단어에 하나님(θεος), 또는 그리스도(κριστος) 주

(*Kyrios*)와 합성하여 독특한 의미의 부름을 가지게 되었다. 그 부름은 "...부터 (call out from)"이 아닌 "...위한 목적의 부름(called out to)"이다. 그 목적은 바로 하나님의 나라의 사역을 위한 부름이요, 성령 안에서 부름 받은 백성 간의 교제와 연합이요, 이 땅에 하나님 나라가 임하는 봉사를 위한 부름이다.

그러므로 교회는 하나님 나라를 위해 하나님으로부터 특별한 선택(chosen)과 부르심(calling)을 받은 신실한 자들(faithful followers)의 모임이다(계17:14, 마22:14, 엡1:4, 롬1:1, 출19:5-6 등).

2) 신학적 의미

(1) 교회는 하나님 나라의 대표다(Paul Tillich). 하나님의 나라(영적인 현존과 영원한 생명)는 구원에 대한 가장 대표적인 상징이다(막1:15, 롬14:17).

(2) 교회는 하나님 나라의 전위대이다(Harvey Cox). 눅4:18-19(하나님 나라의 선교).

(3) 교회는 하나님의 백성들의 모임이다(Hans Küng). 백성(laos)은 전체 백성을 말하며, 3세기 후에 성직자, 평신도를 구별하였다. 행2:44에 보면 초대교회는 모든 믿는 자들의 모임이다. 벧전2:9에는 하나님의 소유된 백성을 말한다.

3) 교회의 시작

구약: 예수 그리스도의 교회의 표상이다.

(1) 〈카할〉(신5:1, 23:1, 부르심의 의미), 〈에다〉(출12:3, 모임적 의미).

(2) 집(창17:23, 46:27)

(3) 장막(출26:1-30)

(4) 성전(왕상6:12-13)

(5) 회당(시74:8)

신약: 본질적인 교회로 예수 그리스도의 내 교회(마16:13-20)이다.

오순절 성령강림 교회(행2:1-4)

복음을 증거하는 교회(이방교회): 그리스도의 몸이다. 즉 교회는 그리스도의 몸으로, 성도는 그리스도의 몸에 붙어있는 지체이다(Paul).
(엡1:22-23, 롬12:4-5)

4) 교회의 목적

하나님 나라를 이루기 위한 교회 (권능성과 구원성을 통해 개인, 교회, 세상에 하나님 나라의 확장)

5) 교회의 사명

예배(worship): 롬12:1-2

말씀선포(kerygma): 선포(막1:14, 딤후 4:2), 배우고 가르침(딤후 3:14-17).

봉사(diakonia): 봉사(벧전4:10), 치유(막1:34), 화해(엡4:32).

교제(koinonia): 성례전(롬6:3, 고전11:23), 기도(막11:17), 나눔(행2:42).

세상을 향한 하나님 나라 선교(Mission): 마 5:13-16, 마28:19-20).

3) 성경에 나타난 참 교회상

성경에는 참 교회상들이 나타나 있다.

① 서머나 교회

계2:8-11을 읽고 묵상하라.

본문의 서머나 교회를 통하여 오늘날 교회 성도가 배워야 할 신앙덕목은 무엇인가?

____

____

② 빌라델비아 교회

계3:7-13을 읽고 묵상하라.

본문에서 빌라델비아 교회가 어떤 신앙 면에서 칭찬과 약속을 받았는가?

____

____

③ 안디옥 교회

행11:19-30, 13:1-3을 읽고 묵상하라.

안디옥 교회를 통하여 오늘날 교회가 무엇을 배워야 하는가?

____

____

④ 우리 교회

이상의 참 교회상들의 덕목을 배우면서 우리 교회는 하나님의 어떤 칭찬과 약속이 있는 교회로 생각하는가?

서로 느낀 바를 나누어 보자.

____

____

4) 성경에 나타난 변질된 교회상

성경 속에는 참 교회상도 있지만 변질된 교회상도 나타나 있다.

역사 속에도 수많은 변질된 교회가 존재한다. 그 교회들은 하나님의 말씀에서 떠나 그 시대적인 조류에 편승함으로 그 교회의 본질이 변질되어갔다.

① 예루살렘 성전

겔10:18을 읽고 묵상하라.

"여호와의 영광이 성전 문지방을 떠나 그룹들 위에 머무르니"

본문은 에스겔 선지자가 예루살렘 성전에 대해 본 환상이다. 그룹(천사)들이 예루살렘 성전을 떠나고 있는 것으로 묘사되고 있다. 이는 하나님이 예루살렘과 함께 하시지 않음을 계시한 것이다.

본문에서 언급된 예루살렘 교회는 교회로서 더 이상 존재가치가 없게 되었다. 그 이유는 무엇인가?

____

____

② 에베소 교회

계2:5을 읽고 묵상하라.

"그러므로 어디서 떨어졌는지를 생각하고 회개하여 처음 행위를 가지라. 만일 그리하지 아니하고 회개하지 아니하면 내가 네게 가서 네 촛대를 그 자리에서 옮기리라"

본문은 에베소 교회의 사자에게 보낸 편지다. 에베소 교회는 처음 사랑을 버림으로 하나님의 책망을 받았다.

본문에서 에베소 교회가 더 이상 교회로서 존재가치가 없게 된 이유는 무엇인가?

____

____

____

③ 버가모 교회

계2:12-17을 읽고 묵상하라.

본문에서 버가모 교회의 문제점이 무엇인가?

____

____

④ 두아디라 교회

계2:18-29을 읽고 묵상하라.

본문에서 두아디라 교회는 어떤 문제점을 지닌 교회인가?

____

____

⑤ 사데 교회

계3:1-6을 읽고 묵상하라.

본문에서 사데 교회의 문제점은 무엇인가?

____

____

⑥ 라오디게아 교회

계3:14-22을 읽고 묵상하라.

본문에서 라오디게아 교회의 문제점은 무엇인가?

____

____

⑦ 고린도 교회

고전3:4-6을 읽고 묵상하라.

본문에서 고린도 교회의 고질적인 문제가 무엇인가?

____

____

⑧ 우리 교회

이상의 문제된 교회들을 배우면서 현재 나 자신으로 구성된 우리 교회는 어떤 문제점이 있는가? 있다면 서로 나누어 보자.

____

____

3. 왜 교회에 나가는가?

성도는 주일마다 교회에 나간다. 왜 교회에 나가는가? 이 질문에 당신은 여러 가지 대답을 할 수 있다. 가령 어떤 이는 하나님의 말씀(구약의 십계명)에 주일을 지키라는 명령에 순종하기 위해서, 어떤 이는 예수님과 만남을 통해 영생의 구원을 얻기 위하여, 어떤 이는 예배드리기 위하여, 어떤 이는 교회에 나가지 않으면 마음이 찜찜해서, 어떤 이는 부모님의 신앙에 따라 습관적으로 교회 다녔기 때문에, 어떤 이는 교회를 통해 자신의 세상적인 욕망을 채우기 위해서 등 다양하게 교회당 뜰을 밟는 이들이 많이 있음은 주지의 사실이다.

행3:2을 묵상해 보라.

"나면서 못 걷게 된 이를 사람들이 메고 오니 이는 성전에 들어가는 사람들에게 구걸하기 위하여 날마다 미문이라는 성전 문에 두는 자라"

본문에서 나면서 못 걷게 된 이가 교회(성전)에 나간 목적이 무엇인가?

____

____

오늘날 못 걷게 된 이처럼 자신의 육신의 문제 해결(당면한 자신의 필요에 따른 교회 이용)을 위해 교회 나오는 사람이 많다. 동의하는가? 우리 주위에 그런 사례를 설명할 수 있는가?

그렇다면 당신은 무엇을 위해 지금 교회에 나왔는가? 자신의 진솔한 고백을 서로 나누어 보자.

행3:6을 묵상해 보자.

"베드로가 이르되 은과 금은 내게 없거니와 내게 있는 이것을 네게 주노니 곧 나사렛 예수 그리스도의 이름으로 일어나 걸으라"

본문에서 베드로는 육신의 구걸자에게 은과 금 대신에 무엇을 주었는가?

오늘날 교회 사명은 자신의 욕구를 채우기 위하여 교회에 찾아온 수많은 부류의 구걸자들(욕구)에게 무엇을 주어야 할까?

육신의 문제를 구걸하던 나면서 못 걷게 된 이가 예수님의 이름을 얻음(하나님의 만남 또는 하나님의 나라의 임재)을 경험하고 자신의 육신 문제가 어떻게 해결되었는가?

———————————————————————————

———————————————————————————

이제 당신은 왜 교회 나오는지 분명한 목적을 설명할 수 있는가?

———————————————————————————

———————————————————————————

성경은 성도가 왜 교회에 나가야 하는 이유를 여러 말씀을 통하여 가르쳐 주고 있다.

1) 영혼 구원

교회의 존재 목적은 영혼 구원에 있다. 교회는 예수님이 직접 세우셨고, 성령강림으로 오순절 교회가 탄생했으며, 바울은 선교사역 가운데 그리스도의 몸으로서의 교회를 증언했다. 이 모든 주님의 교회는 하나님 나라의 임재를 통해서 하나님과 성도가 만나는 공식적인 장이 된다.

하나님은 교회를 통하여 자신의 택한 백성과 만나시기를 원하시며 은혜 베푸시기를 원하신다(민6:25). 구약에서는 하나님이 자신의 이름을 부르는 곳, 즉 회막, 성전 등에서 만나주셨고, 신약에서는 영과 진리로 예배하는 곳에 임재하셨다. 이처럼 하나님은 언제나 성도와 만나기를 원하고 계시므로, 성도 자신이 하나님을 만나기 위해서는 만남을 사모하며 준비하는 태도가 매우 중요하다. 암4:12에 보면 "이스라엘아 내가 이와 같이 네게 행하리라. 내가 이것을 네게 행하리니 이스라엘아 네 하나님 만나기를 준비하라"고 했다.

그러므로 성도가 교회를 통한 하나님을 만날 수 있는 장은 교회의 예배, 기도, 말씀, 예물, 봉사 등의 참여를 통해 경험 할 수 있다. 그럼 교회를 통해 하나님을 만나기 위한 어떤 노력의 자세가 있어야 하는가?

① 소원하라.

하나님은 소원하는 자의 소원을 허락해 주신다(시20:4).

잠8:17을 읽고 묵상하라.

"나를 사랑하는 자들이 나의 사랑을 입으며, 나를 간절히 찾는 자가 나를 만날 것이니라"

본문에서 누가, 어떤 자세를 가지는 자가 예수를 만날 수 있다고 했는가?

____

____

② 열정을 가지라.

하나님이 사용하는 사람은 열정의 사람들이다.

렘29:12-13을 읽고 묵상하라.

"너희는 내게 부르짖으며 내게 와서 기도하면, 내가 너희들의 기도를 들을 것이요, 너희가 온 마음으로 나를 구하면 나를 찾을 것이요 나를 만나리라"

본문에서 어떤 성도가 예수를 만날 수 있는가?

____

____

③ 믿으라.

복음을 듣고 믿는 자가 복이 있다.

요1:45-49을 읽고 묵상하라.

"빌립이 나다나엘을 찾아 이르되 모세가 율법에 기록하였고 여러 선지자가 기록한 그이를 우리가 만났으니 요셉의 아들 나사렛 예수니라 나다나엘이 이르되 나사렛에서 무슨 선한 것이 날 수 있느냐 빌립이 이르되 와서 보라 하니라 예수께서 나다나엘이 자기에게 오는 것을 보시고 그를 가리켜 이르시되 보라 이는 참으로 이스라엘 사람이라 그 속에 간사한 것이 없도다 나다나엘이 이르되 어떻게 나를 아시나이까 예수께서 대답하여 이르시되 빌립이 너를 부르기 전에 네가 무화과나무 아래에 있을 때에 보았노라 나다나엘이 대답하되 랍비여 당신은 하나님의 아들이시요 당신은 이스라엘의 임금이로소이다"

본문에서 나다나엘은 예수를 만난 후 어떤 믿음의 고백을 하였는가?

____

____

____

행16:25-34을 읽고 묵상하라.

"한밤중에 바울과 실라가 기도하고 하나님을 찬송하매 죄수들이 듣더라 이에 갑자기 큰 지진이 나서 옥터가 움직이고 문이 곧 다 열리며 모든 사람의 매인 것이 다 벗어진지라 간수가 자다가 깨어 옥문들이 열린 것을 보고 죄수들이 도망한 줄 생각하고 칼을 빼어 자결하려 하거늘 바울이 크게 소리 질러 이르되 네 몸을 상하지 말라 우리가 다 여기 있노라 하니 간수가 등불을 달라고 하며 뛰어 들어가 무서워 떨며 바울과 실라 앞에 엎드리고 그들을 데리고 나가 이르되 선생들이여 내가 어떻게 하여야 구원을 받으리이까 하거늘 이르되 주 예수를 믿으라 그리하면 너와 네 집이 구원을 받으리라 하고 주의 말씀을 그 사람과 그 집에 있는 모든 사람에게 전하더라 그 밤 그 시각에 간수가 그들을 데려다가 그 맞은 자리를 씻어주고 자기와 온 가족이 다 세례를 받은 후 그들을 데리고 자기 집에 올라가서 음식을 차려 주고 그와 온 집안이 하나님을 믿으므로 크게 기뻐하니라"

본문에서 간수가 예수의 복음을 듣고 무엇에 관심을 가졌는가?
____

____

본문에서 한 생명의 구원을 위해 먼저 믿은 성도가 어떤 봉사를 하였는가?

____

____

④ 증거하라.

믿음의 성도는 자신이 만난 예수를 증거해야 한다.

요1:41을 읽고 묵상하라.

"그가 먼저 자기의 형제 시몬을 찾아 말하되 우리가 메시야를 만났다 하고(메시야는 번역하면 그리스도라"

본문에서 안드레는 그가 만난 예수를 누구에게 증거했는가?

____

____

⑤ 나누라.

행3:8-10을 읽고 묵상하라.

"뛰어 서서 걸으며 그들과 함께 성전으로 들어가면서 걷기도 하고 뛰기도 하며 하나님을 찬송하니 모든 백성이 그 걷는 것과 하나님을 찬송함을 보고 그가 본래 성전 미문에 앉아 구걸하던 사람인 줄 알고 그에게 일어난 일로 인하여 심히 놀랍게 여기며 놀라니라"

본문에서 영육간의 구원함을 받은 나면서 못 걷게 된 이의 과거와 현재의 변화된 삶을 어떻게 증거하고 있는가?

____

____

⑥ 맡겨라.

예수를 믿고 증거하는 성도는 자신의 모든 범사를 온전히 맡겨야 한다.

빌4:6-6, 마11:28을 읽고 묵상하라.

"수고하고 무거운 짐 진 자들아 다 내게로 오라 내가 너희를 쉬게 하리라"

본문에서 성도가 교회 나올 때, 어떤 소원(만남)으로, 그리고 누구에게 나가야 하는가? 지금까지 자신은 어떤 마음으로 교회 나왔는지를 진솔히 함께 나눌 수 있다.

---

2) 주님의 몸에 지체가 되기 위해서

교회에 나오는 두 번째 이유는 주님의 몸인 교회에 지체가 되기 위해서다. 성경은 교회를 주님의 몸이며 성도는 그 지체로 비유하고 있다. 또 몸과 지체의 교회를 건축하는 집으로 비유하고 있다. 다음 말씀을 묵상하고 교회가 어떤 원리에 의해 세워지고 있는지에 대해 함께 나누어 보자.

롬12:4-5을 읽고 묵상하라.

"우리가 한 몸에 많은 지체를 가졌으나 모든 지체가 같은 기능을 가진 것이 아니니 이와 같이 우리 많은 사람이 그리스도 안에서 한 몸이 되어 서로 지체가 되었느니라"

한 몸에 붙어 있는 각 지체를 통해 온전한 한 몸을 이루고 있다. 당신은 성도로서 교회의 지체의식을 가져 본 적이 있는가?

혹시 당신은 지체의 사명을 망각하고, 나 하나쯤 교회에 빠져도 문제가 되지 않는다고 생각하고 행동하지는 않았는가?

____

____

고전12:20-26을 읽고 묵상하라.

"이제 지체는 많으나 몸은 하나라 눈이 손더러 내가 너를 쓸 데 없다 하거나 또한 머리가 발더러 내가 너를 쓸 데 없다 하거나 하지 못하리라 이뿐 아니라 몸의 더 약하게 보이는 지체가 도리어 요긴하고 우리가 몸의 덜 귀히 여기는 그것들을 더욱 귀한 것들로 입혀 주며 우리의 아름답지 못한 지체는 더욱 아름다운 것을 얻고 우리의 아름다운 지체는 요구할 것이 없으니 오직 하나님이 몸을 고르게 하여 부족한 지체에게 존귀를 더하사 몸 가운데서 분쟁이 없고 오직 여러 지체가 서로 같이하여 돌아보게 하셨으니 만일 한 지체가 고통을 받으면 모든 지체도 함께 고통을 받고 한 지체가 영광을 얻으면 모든 지체도 함께 즐거워하나니"

위의 본문을 통하여 교회는 세상의 어떤 조직체나 단체가 아니고, 그리스도에게 연합하여 그리스도의 한 몸을 이루는 신비한 유기체임을 깨닫게 되었다.

(1) 교회가 조직체가 아니고 유기체(불가분의 관계)란 것을 이해하고 있는가?_______________________________

____

(2) 유기체인 성도의 역할과 사명을 설명할 수 있는가?______

요15:1-6

(3) 몸과 지체 사이의 관계

(존중, 협력, 조화, 자기책임 등에 대하여 교회 생활의 구체적
인 예를 서로 나누어 보라.)

(4) 당신이 그리스도의 몸에 붙어 있는 유기체인 지체인데,
내 필요와 기분에 따라 교회에 나오고 또 나오지 않는다면, 온
전한 영적 성장을 가져 올 수 있겠는가?

동시에 주님의 몸의 한 부분인 유기체가 자신의 자리를 지키
지 못할 때, 그리스도의 몸인 교회에는 어떤 문제가 발생할 수
있는가?

이제 당신은 교회 나와야 하는 두 번째 이유가 무엇인지를 분

명히 고백하고 다짐 할 수 있는가?

<hr>

<hr>

3) 하나님 나라 확장을 위한 교회 사명에 동참하기 위하여

성도가 교회 나오는 세 번째 이유는 하나님 나라 확장을 위하는 교회의 본질적인 사명을 감당하기 위해서다. 이는 자신만 구원을 받는 것이 아니라, 만 백성이 함께 누리는 구원 사역, 즉 하나님 나라의 확장 운동이다. 이를 위하여 성도의 교회는 모이는 교회(Coming Church), 교제하는 교회요(Fellowship Church), 흩어지는 교회(Diaspora Church)가 되어야 한다. 따라서 교회는 모임을 통하여 하나님 나라의 임재(하나님 만남)를 경험하며, 하나님의 지체들이 함께 모여 주님과 지체 상호간의 교제와 연합을 통하여 그리스도의 몸을 세우면서, 하나님 나라가 임하는 세상을 향해 흩어져 나가야 한다.

① 하나님의 나라

롬14:17을 읽고 묵상하라.

"하나님의 나라는 먹는 것과 마시는 것이 아니요 오직 성령 안에 있는 의와 평강과 희락이라"

본문에서 하나님 나라가 임하는 것은 세상의 먹고 마시는 음식의 차원을 넘어, 하나님 나라의 영적인 능력을 경험케 하는 데 있다.

성도는 교회에서 하나님의 나라를 경험해야 하며, 그 경험한 하나님 나라를 세상에 적극적으로 전해야 한다.

본문에서 하나님 나라의 본질이 무엇인가?

____

성도가 하나님 나라의 경험한 바를 서로 나누어 보자(의, 평강, 희락).

____

____

의는 죄 사함을 받아 의롭게 되는 믿음이고, 평강은 하나님과 화목으로 얻어지는 것으로 이를 바탕으로 사람 사이에 조화가 있게 되고, 희락은 의와 평강의 결과로 얻어지는 신령한 기쁨이다.

교회(성도)가 어떻게 이 세상을 하나님의 나라로 변화시켜 나갈 수 있는가?

마13:33을 읽고 묵상하라.

"천국은 마치 여자가 가루 서 말 속에 갖다 넣어 전부 부풀게 하는 누룩과 같으니라"

본문을 통하여 세상을 하나님 나라로 변화시키기 위하여 성도는 어떤 역할을 해야 하는가?

누룩의 기능(소리 없이 점차적으로)에 대하여 설명할 수 있는
가? 구체적으로 하나님 나라와 관련해서 누룩 같은 삶은 어떤
것이 있는가?

② 증인(전도 및 선교)
마28:19-20을 읽고 묵상하라.
"너희는 가서 모든 민족을 제자로 삼아 아버지와 아들과 성
령의 이름으로 세례를 베풀고 내가 너희에게 분부한 모든 것을
가르쳐 지키게 하라. 볼지어다 내가 세상 끝 날까지 너희와 항
상 함께 있으리라 하시니라"
본문에서 하나님 나라가 임하는 세상을 위하여 성도는 어떤
사명을 가져야 하는가?

행1:8을 읽고 묵상하라.
"오직 성령이 너희에게 임하시면 너희가 권능을 받고 예루살
렘과 온 유대와 사마리아와 땅 끝까지 이르러 내 증인이 되리라"

본문에서 성령 받은 성도의 사명은 무엇인가?

사42:6-7을 읽고 묵상하라.

"나 여호와가 의로 너를 불렀은즉 내가 네 손을 잡아 너를 보호하며 너를 세워 백성의 언약과 이방의 빛이 되게 하리니, 네가 눈먼 자들의 눈을 밝히며 갇힌 자를 감옥에서 이끌어 내며 흑암에 앉은 자를 감방에서 나오게 하리라"

본문에서 부름 받은 성도의 큰 사명은 무엇인가?

③ 삶

하나님 나라 확장을 위한 교회의 사명은 성도가 세상에서 삶을 통해서 세상에 빛과 소금의 선한 일로 나타나야 한다.

엡2:10을 읽고 묵상하라.

"우리는 그가 만드신 바라 그리스도 예수 안에서 선한 일을 위하여 지으심을 받은 자니 이 일은 하나님이 전에 예비하사 우리로 그 가운데서 행하게 하려 하심이니라"

하나님께서 성도를 지으신 목적이 무엇인가?

교회의 사명이 곧 성도의 사명이다. 성도는 세상을 구원하기 위하여 예수 안에서 선한 일을 통해 세상에 빛이 되어야 한다. 당신은 성도로서 살아오면서 세상에서 어떤 선한 일을 한 적이 있는가? 사례를 들어 함께 나눔의 시간을 가져 보자.

마5:13-16을 읽고 묵상하라.

"너희는 세상의 소금이니 소금이 만일 그 맛을 잃으면 무엇으로 짜게 하리요 후에는 아무 쓸 데 없어 다만 밖에 버려져 사람에게 밟힐 뿐이니라 너희는 세상의 빛이라 산 위에 있는 동네가 숨겨지지 못할 것이요 사람이 등불을 켜서 말 아래에 두지 아니하고 등경 위에 두나니 이러므로 집 안 모든 사람에게 비치느니라 이같이 너희 빛이 사람 앞에 비치게 하여 그들로 너희 착한 행실을 보고 하늘에 계신 너희 아버지께 영광을 돌리게 하라"

본문에서 하나님 나라가 임한 세상을 만들기 위하여 성도의 구체적인 삶은 무엇인가?

당신은 빛과 소금의 의미를 설명할 수 있는가? 그리고 구체적으로 어떤 것이 빛과 소금의 삶인가?(복음의 전파, 성령의 열매

를 기억하라)

---

4. 교회 생활에 기쁨이 있는가?

성도는 교회생활에 영적인 기쁨이 충만해야 한다.

교회 생활에 영적인 기쁨이 없다는 것은 하나님 나라의 임재를 경험하지 못했기 때문이다. 예를들어, 율법적인 교회생활, 전통적인 관습에 젖어서, 종교인의 교회생활 또는 직분의 의무감 때문에, 그리고 사람들의 체면과 눈치 때문에, 사람 관계 유지를 위하여, 자신의 유익을 얻기 위해서 등등의 이유로 교회 생활을 하기 때문이다.

나의 교회 생활에는 기쁨이 있는가를 진단해 볼 필요가 있다. 한때 하나님 나라의 임재를 경험했을 때 교회생활에는 기쁨이 있었는데, 언제부터인가 교회생활이 짜증스러우며, 왜 나 혼자 이 일을 감당해야 하는가라고 불평하는 입술이 되어 버렸다면, 나의 영혼에 감기 바이러스가 감염이 된 것이다. 어서 속히 영혼의 치료 전문의이신 예수님을 다시 만나고, 말씀의 약을 처방 받고, 성령의 주사를 맞아서, 영혼의 질병을 빨리 치료하여 신앙 생활의 기쁨을 회복해야 한다. 나는 하나님 나라의 임재를 경험한 성도로서 교회생활에 기쁨이 있는지를 스스로 말씀 가운데 진단할 필요가 있다.

1) 주일이 기다려지는가?

성도는 주일이 기다려져야 한다. 그 이유는 주일의 예배와 말씀과 교제와 봉사를 통하여 하늘로부터 내리는 은혜를 공급 받고 기쁨과 복된 신앙생활을 하여야 하기 때문이다.

시118:24-26을 읽고 묵상하라.

"이 날은 여호와께서 정하신 것이라 이 날에 우리가 즐거워하고 기뻐하리로다 여호와 구하옵나니 이제 구원하소서 여호와여 우리가 구하옵나니 이제 형통하게 하소서 여호와의 이름으로 오는 자가 복이 있음이여 우리가 여호와의 집에서 너희를 축복하였도다"

본문에서 주일은 어떤 날인가?

____

____

본문에서 성도는 주일 하나님께 무엇을 구했는가?

____

____

본문에서 하나님은 주일 성도에게 무엇을 약속하고 있는가?

____

____

위의 말씀을 통해 볼 때, 성도의 기쁨과 복이 주일에 하나님으로부터 주어짐을 확신할 수 있는가?

———————————————————————

———————————————————————

그리고 이제부터 주님의 전에 기쁨으로 나올 것을 다짐할 수 있는가? 이 두 가지에 아멘 하였다면 성령님께 다음을 요청을 하라. "주여! 나는 숨지는 순간까지 주일을 꼭 성수하다가 하늘나라 갈 수 있도록 도와주십시오."

———————————————————————

———————————————————————

2) 구원의 기쁨이 있는가?

성도는 구원의 감격이 있어야 한다. 나 위하여 그 고통의 십자가를 져 주심으로 새 생명을 얻은 감격 속에 신앙생활을 해야 한다. 이 같은 구속의 은혜가 예배와 봉사로 나타날 때 교회생활에 기쁨이 있다.

그러므로 성도는 교회당의 뜰을 밟고 다니는 교인들과 구별되어야 한다. 예배를 비롯하여 여러 종류의 봉사에 참여한다고 해서 모든 교인들이 구원의 확신과 감격 속에 봉사하는 것은 아니다.

고전6:19-20을 읽고 묵상하라.

"너희 몸은 너희가 하나님께로부터 받은 바 너희 가운데 계신 성령의 전인 줄을 알지 못하느냐 너희는 너희 자신의 것이 아니라 값으로 산 것이 되었으니 그런즉 너희 몸으로 하나님께 영광을 돌리라"

본문에서 하나님은 성도를 구원하기 위해 자신이 어떤 대가를 지불하셨는가?

성도는 예수님이 자신의 몸을 십자가에서 피 흘려 죽으심으로 새 생명을 얻었다. 성도는 예수님에 대한 생명의 빚진 자로서 자신의 몸을 주님의 몸인 교회를 세우는데 어떻게 사용해야 하는가?

____

____

3) 예배의 기쁨이 있는가?

성도는 예배를 통한 참된 기쁨이 있어야 한다.

예배는 하나님께만 돌려드리는 신앙적인 행위이다. 예배 받으실 유일하신 하나님께만 경배해야 한다(출24:1). 다른 신에게 예배하면 무서운 형벌을 내리시는(신8:19) 질투하시는 하나님이시다(출20:5). 예배(경배)는 최상의 가치를 돌리는 행위로서 넓게는 기도, 말씀, 찬양, 예물을 통하여(삼하1:3) 하나님이 받으신다. 이러한 예배는 특별히 하나님의 전(시138:2)에서 그리고 하나님의 거룩하심을 덧입기 위한 마음으로(시29:2) 드려야 한다. 좁은 의미의 예배는 구속함을 받은 자가 하나님의 거룩하심과 온전하심을 묵상하면서 하나님께 나아가는 것이다. 예수님은 참 예배 정신은 형식적인 예배가 아닌 영과 진리로 예배하는 것이라고 말씀하셨다.

히4:16을 읽고 묵상하라.

"우리가 긍휼하심을 받고 때를 따라 돕는 은혜를 얻기 위하여 은혜의 보좌 앞에 담대히 나아갈 것이니라"

본문에서 성도가 하나님의 만남과 돕는 은혜를 받기 위해서 어디로 나아가야 하는가?

____

____

위의 본문에서 "은혜의 보좌 앞에 담대히 나아가는 것"은 무엇인가? 구약에서는 대제사장이 지성소에 나아가는 것(레21:17, 21, 22:3)이지만, 신약에서는 만인 제사장직을 받은 모든 성도가 주 앞에 나가서 예배할 수 있다.

본문에서 성도는 예배를 통해 하나님과 어떤 만남의 은혜를 입을 수 있는가?

____

____

4) 말씀에 기쁨이 있는가?

말씀을 아멘으로 받을 때, 회개와 믿음의 역사로 구원에 이르게 한다. 그리고 말씀은 내 발에 등이요 내 길에 빛으로 인도하며, 하나님의 사람으로 온전하게 한다.

성도는 하나님의 말씀이 삶 가운데 풍성히 거할 때 기쁨으로 교회 생활을 할 수 있다.

시119:103을 읽고 묵상하라.

"주의 말씀의 맛이 내게 어찌 그리 단지요 내 입에 꿀보다 더 다니이다"

본문에서 말씀의 은혜를 어떻게 표현하고 있는가?

____

____

만약 당신이 하나님의 말씀을 듣고 묵상하는 가운데 말씀의 꿀 같은 은혜가 임함을 느끼지 못한다면, 그 이유가 무엇인지 진단 할 수 있는가?

____

____

(예: 하나님 또는 인간의 말, 자기 또는 하나님의 입장, 화해 없는 마음, 근성 또는 사모하는 마음, 내려놓음과 무거운 짐 등)

당신은 말씀을 듣고, 묵상을 통해 자신의 문제해결과 위로함을 받은 경험이 있는가? 있다면 함께 나누자.

____

____

5) 기도의 기쁨이 있는가?

성도는 하나님과 기도의 교제를 통한 기쁨의 신앙생활을 하여야 한다.

① 기도는 하나님의 뜻

살전5:16-18을 읽고 묵상하라.

"항상 기뻐하라. 쉬지 말고 기도하라. 범사에 감사하라. 이것이 그리스도 예수 안에서 너희를 향하신 하나님의 뜻이니라"

본문에서 성도를 향하신 하나님의 3가지 뜻이 무엇인가?

행10:2-4을 읽고 묵상하라.

"그가 경건하여 온 집안과 더불어 하나님을 경외하며 백성을 많이 구제하고 하나님께 항상 기도하더니 하루는 제 구 시쯤 되어 환상 중에 밝히 보매 하나님의 사자가 들어와 이르되 고넬료야 하니 고넬료가 주목하여 보고 두려워 이르되 네 기도와 구제가 하나님 앞에 상달되어 기억하신 바 되었으니"

본문에서 항상 기도생활을 한 고넬료는 어떤 기도 응답을 받았는가?

삼상12:23을 읽고 묵상하라.

"나는 너희를 위하여 기도하기를 쉬는 죄를 여호와 앞에 결단코 범하지 아니하고 선하고 의로운 길을 너희에게 가르칠 것인즉"

본문에서 사무엘은 백성들에게 무슨 죄를 범하지 않겠다고 선포하고 있는가?

위의 세 말씀을 통해 항상 기도하는 것이 하나님의 뜻임을 깨닫게 되었다. 나 자신은 항상 기도생활을 하고 있는가? 항상 기도생활을 하는 이가 있으면 함께 은혜를 나누어 보자.

② 어려울 때

행16:24-27을 읽고 묵상하자.

"그가 이러한 명령을 받아 그들을 깊은 옥에 가두고 그 발을 차꼬에 든든히 채웠더니 한밤중에 바울과 실라가 기도하고 하나님을 찬송하매 죄수들이 듣더라 이에 갑자기 큰 지진이 나서 옥터가 움직이고 문이 곧 다 열리며 모든 사람의 매인 것이 다 벗어진지라 간수가 자다가 깨어 옥문들이 열린 것을 보고 죄수들이 도망한 줄 생각하고 칼을 빼어 자결하려 하거늘"

본문에서 바울과 실라가 옥중에서 기도했을 때, 기도의 응답은 어떻게 나타났는가?

출14:15을 읽고 묵상하라.

"여호와께서 모세에게 이르시되 너는 어찌하여 내게 부르짖느냐 이스라엘 자손에게 명령하여 앞으로 나아가게 하고"

본문에서 모세는 홍해 앞에서 하나님께 부르짖었다. 하나님은 모세의 기도를 응답하시고 그 위기의 상황을 어떻게 극복하게 하셨는가?

____

____

렘33:3을 읽고 묵상하라.

"너는 내게 부르짖으라 내가 네게 응답하겠고 내가 알지 못하는 크고 은밀한 일을 네게 보이리라"

본문은 유다와 북 이스라엘이 포로되어 있고, 예레미야가 시위대 뜰에 갇혔을 때 하나님께서 예레미야에게 임한 말씀이다. 포로의 삶을 살고 있는 이 백성들에게 예레미야의 희망의 권면은 무엇인가?

____

____

당신은 어려움이 처했을 때 기도한 적이 있는가? 기도하였다면 어떤 응답의 고백을 할 수 있는가?

____

____

③ 병

하나님은 성도의 질병 치료와 치유를 약속하고 있다. 의사는 질병에 대한 치료를 노력하지만, 치료와 치유는 주님이 하시는 것이다.

출15:26을 읽고 묵상하라.

"너희가 너희 하나님 나 여호와의 말을 들어 순종하고 내가 보기에 의를 행하며 내 계명에 귀를 기울이며 내 모든 규례를 지키면 내가 애굽 사람에게 내린 모든 질병중 하나도 너희에게 내리지 아니하리니 나는 너희를 치료하는 여호와임이라"

본문에서 하나님은 모든 질병에 대해 어떤 약속을 하고 있는가?

____

____

렘30:17을 읽고 묵상하라.

"여호와의 말씀이니라 그들이 쫓겨난 자라 하매 시온을 찾는 자가 없은즉 내가 너의 상처로부터 새 살이 돋아나게 하여 너를 고쳐 주리라 "

본문에서 포로 된 유다 민족에게 하나님께서 예레미야 선지자를 통해 무슨 위로의 말씀을 선포하였는가?

____

____

본문에서 치료와 치유에 대한 말씀을 찾아 적어보라.

말4:2을 읽고 묵상하라.

"내 이름을 경외하는 너희에게는 공의로운 해가 떠올라서 치료하는 광선을 비추리니 너희가 나가서 외양간에서 나온 송아지 같이 뛰리라"

본문에서 하나님은 성도의 질병에 대해 어떤 약속을 하고 있는가?

사38:2-5을 읽고 묵상하라.

"히스기야가 얼굴을 벽으로 향하고 여호와께 기도하여 가로되 여호와여 구하오니 내가 주의 앞에서 진실과 전심으로 행하며 주의 목전에서 선하게 행한 것을 추억하옵소서 하고 심히 통곡하니 이에 여호와의 말씀이 이사야에게 임하니라 가라사대 너는 가서 히스기야에게 이르기를 네 조상 다윗의 하나님 여호와께서 이같이 말씀하시기를 내가 네 기도를 들었고 네 눈물을 보았노라 내가 네 수한에 십오 년을 더하고"

본문에서 유다의 히스기야 왕이 병들어 죽음의 선고 받았을 때, 히스기야가 하나님께 기도함으로, 질병의 치유와 함께 생명 연장의 응답을 받았다. 본문에서 히스기야는 자신의 질병을 치유하기 위해 하나님께 무엇을 하였는가?

____

____

　본문에서 히스기야의 기도가 하나님께 응답 될 만큼 그의 평소 삶은 어떠했으며, 그의 기도는 얼마나 간절했는가?

____

____

　약5:15-16을 읽고 묵상하라.

　"믿음의 기도는 병든 자를 구원하리니 주께서 그를 일으키시리라 혹시 죄를 범하였을지라도 사하심을 받으리라"

　본문에서 믿음의 기도는 어떤 역사를 일으키는가?

____

____

　당신은 하나님께 기도함으로 질병의 치유를 경험한 적이 있는가? 서로 간증해 보자.

____

____

① 기도란?

하나님과의 대화요 영교요(시91:14, 사1:18, 고전14:15), 영혼의 호흡이며(롬12:12, 살전5:17, 단6:10), 구하고, 찾고(기도하면서), 문을 두드리는 것이다(응답 때 기도의 줄을 놓지 말아야 한다. 마7:7, 렘29:12–13).

② 왜 기도해야 하나?

하나님께 영광(요14:13), 죄 사함(대하7:14), 깊은 교제(시145:18), 응답(시50:15, 120:1).

③ 어떻게 기도해야 하나?

   ⓐ 하나님께 영광(시22:19–24)을 돌리고, 감사로 시작하라(빌4:6, 행16:25).

   ⓑ 자신의 죄를 자복하고 회개하며 용서함을 구하고 받으라(요1:9, 시94:9).

   ⓒ 하나님의 영광을 위한 소원을 간구하라(시115:1).

   ⓓ 중보기도를 하라(이웃, 교회, 선교, 나라 등).

   ⓔ 예수님의 이름으로 기도하라(요14:13–14).

   ⓕ 아멘(진실로 그렇게 되기를 바랍니다)으로 마쳐라.

④ 기도의 능력

사죄의 은총으로 기쁨과 평안(롬8:1–39), 원수까지 사랑할 수 있는 하나님의 사랑을 경험(마5:44), 성령의 은사를 체험(행2:1–13), 하나님의 능력을 얻게되며(마26:36), 치유의 기적(약5:15), 생명 연장의 역사(사38:1–8), 좋은 것으로 채우신다(마7:11), 좋은 것은 성령(눅11:13)이다. 성령은 능력으로 역사한다.

6) 교제의 기쁨이 있는가?

교회는 한 피 받아 한 몸 이룬 행복한 사랑의 공동체이다. 교회 성도는 구성원들 상호간에 진실과 화목으로 교제의 기쁨을 나누어야 한다.

갈6:2을 읽고 묵상하라.

"너희가 짐을 서로 지라 그리하여 그리스도의 법을 성취하라"

본문에서 성도 간에 진정한 교제를 위해서 짐을 어떻게 하여야 하는가?

____

____

롬14:19을 읽고 묵상하라.

"그러므로 우리가 화평의 일과 서로 덕을 세우는 일을 힘쓰나니"

본문에서 성도 간에 아름다운 교제를 위하여 어떤 일에 힘써야 한다고 했는가?

약5:16을 읽고 묵상하라.

"그러므로 너희 죄를 서로 고백하며 병이 낫기를 위하여 서로 기도하라"

본문에서 성도간의 진실한 교제를 위하여 어떤 마음의 문을 열어야 하는가?

골3:13을 읽고 묵상하라.

"누가 누구에게 불만이 있거든 서로 용납하여 피차 용서하되 주께서 너희를 용서하신 것 같이 너희도 그리하고"

본문에서 성도 간에 진정한 교제를 위하여 상대방의 불평에 대하여 어떤 태도를 가져야 하는가?

왜?

롬12:15을 읽고 묵상하라.

“즐거워하는 자들과 함께 즐거워하고 우는 자들과 함께 울
라”

본문에서 성도의 동고동락하는 아름다운 교제는 무엇인가?

____

____

행2:44-46을 읽고 묵상하라.

“믿는 사람이 다 함께 있어 모든 물건을 서로 통용하고, 또 재
산과 소유를 팔아 각 사람의 필요를 따라 나눠 주며, 날마다 마
음을 같이하여 성전에 모이기를 힘쓰고 집에서 떡을 떼며 기쁨
과 순전한 마음으로 음식을 먹고”

본문은 초대교회의 아름다운 성도의 교제의 모습이다. 구체
적으로 어떤 교제가 이루어지고 있는가? 교회에서 주일날 성도
를 섬기는 성도 교제를 통한 기쁨이 있는가? 서로 나누어 보자
(결정, 준비, 섬김).

____

____

7) 드림의 기쁨이 있는가?

성도는 하나님께 드림의 기쁨이 있어야 한다. 은혜를 받지 못
하면 하나님의 것을 도둑질하며, 아까워서 드릴 수 없다.

① 드림의 기본자세

고후9:6-7을 읽고 묵상하라.

"이것이 곧 적게 심는 자는 적게 거두고 많이 심는 자는 많이 거둔다 하는 말이로다. 각각 그 마음에 정한 대로 할 것이요 인색함으로나 억지로 하지 말지니 하나님은 즐겨 내는 자를 사랑하시느니라"

본문에서 하나님께 예물을 드리는 자의 바른 자세를 본문에서 찾아 적어보라.

____

____

고후9:5을 읽고 묵상하라.

"내가 이 형제들로 먼저 너희에게 가서 너희가 전에 약속한 연보를 미리 준비하게 하도록 권면하는 것이 필요한 줄 생각하였노니 이렇게 준비하여야 참 연보답고 억지가 아니니라"

본문에서 하나님께 드리는 참 연보는 어떻게 드려야 하는가? 본문의 말씀으로 적어보라.

____

____

출23:15을 읽고 묵상하라.

"너는 무교병의 절기를 지키라. 내가 네게 명령한 대로 아빕월의 정한 때에 이레 동안 무교병을 먹을지니 이는 그 달에 네가 애굽에서 나왔음이라 빈 손으로 내 앞에 나오지 말지니라"

본문에서 성도는 하나님께 절기(예배)를 드리기 위하여, 손에 무엇을 준비하여 하나님께 나아가야 하는가?

____

위의 본문에서 빈 손으로 내게 나오지 말라는 것은 무슨 뜻인가?

____

____

마23:23을 읽고 묵상하라.

"화 있을진저 외식하는 서기관들과 바리새인들이여 너희가 박하와 회향과 근채의 십일조를 드리되, 율법의 더 중한 바 정의와 긍휼과 믿음은 버렸도다"

본문에서 성도가 어떤 자세로 하나님께 예물을 드려야 하는가?

____

____

헌금 하는 두 가지 바른 자세는?

____

____

② 축복의 약속

말3:10-11을 읽고 묵상하라.

"만군의 여호와가 이르노라 너희의 온전한 십일조를 창고에 들여 나의 집에 양식이 있게 하고 그것으로 나를 시험하여 내가

하늘 문을 열고 너희에게 복을 쌓을 곳이 없도록 붓지 아니하나
보라. 만군의 여호와가 이르노라 내가 너희를 위하여 메뚜기를
금하여 너희 토지 소산을 먹어 없애지 못하게 하며, 너희 밭의
포도나무 열매가 기한 전에 떨어지지 않게 하리니..."

본문에서 온전한 십일조가 무엇인가?

____

____

하나님은 온전한 십일조를 드릴 때, 어떤 복을 약속하고 있는
가?

____

____

신14:28-29을 읽고 묵상하라.

"매 삼 년 끝에 그 해 소산의 십분의 일을 다 내어 네 성읍에
저축하여... 네 하나님 여호와께서 네 손으로 하는 범사에 네게
복을 주시리라"

본문에서 하나님께서 십일조를 드리는 자에게 약속한 복은?

____

____

고후9:6-7을 읽고 묵상하라.

"이것이 곧 적게 심는 자는 적게 거두고 많이 심는 자는 많이

거둔다 하는 말이로다. 각각 그 마음에 정한 대로 할 것이요 인색함으로나 억지로 하지 말지니 하나님은 즐겨 내는 자를 사랑하시느니라"

본문에서 하나님께 즐겨 예물을 드리는 자는 하나님으로부터 어떤 복을 받는가?

당신이 성도라면 온전한 드림의 생활을 하고 있는가? 드림을 통해 받은 기쁨과 복을 함께 나누어 보자.

📖 **심화학습**

• 헌금의 정신

믿음, 감사, 헌신의 표시

• 헌금을 해야 하는 이유

하나님의 명령(레27:30, 사66:20)

예수님의 명령(마23:23)

성령님의 권장(행2:44)

하나님의 교회를 세우기 위해(행4:32)

그리스도인의 본분(사도의 돌봄; 눅8:3)

• 헌금의 사용

하나님의 헌금은 철저히 관리하고 사용해야 한다. 교회 헌금으로 사용하는 교회의 성물(각종 비품과 물품 또는 각종 지출되는 경비, 유틸리티 포함)까지 절약하고 꼭 필요한 곳에 사용해야 한다.

(1) 레위인(교역자)의 생활비(민18:21-28, 고전9:7-14)

(2) 복음전파(빌4:15-19)

(3) 구제(잠11:25, 마25:40)

(4) 교회의 활동(신앙 성장; 갈6:6)

• 십일조

① 구약 족장 때

아브람이 그가 얻은 것 중 1/10를 제사장 멜기세덱에게 드림(창14:20).

야곱이 벧엘에서 하나님께 소득의 1/10드릴 것을 서원함(창28:22).

모세의 율법; 십일조는 하나님께 속한 것

"땅의 십분의 일 곧 땅의 곡식이나 나무의 열매는 그 십분의 일은 여호와의 것이니 여호와의 성물이라"(레27:30).

② 팔레스타인 정착 때

신12:6,11

"너희의 번제와 너희의 제물과 너희의 십일조와 너희 손의 거제와 너희의 서원제와 낙헌 예물과 너희 소와 양의 처음 난 것들을 너희는 그리로 가져다가"(6절)

"너희는 너희의 하나님 여호와께서 자기 이름을 두시려고 택하실 그 곳으로 내가 명령하는 것을 모두 가지고 갈지니, 곧 너희의 번제와 너희의 희생과 너희의 십일조와 너희 손의 거제와 너희가 여호와께 서원하는 모든 아름다운 서원물을 가져가고"(11절)

이 말씀은 하나님이 정하시고 거하는 중앙 예배 장소(성소)에 드릴 예물들이다.

③ 분열왕국 때

대하31:6

"유다 여러 성읍에 사는 이스라엘과 유다 자손들도 소와 양의 십일조를 가져왔고 또 그들의 하나님 여호와께 구별하여 드릴 성물의 십일조를 가져왔으며, 그것을 쌓아 여러 더미를 이루었는데"

본문은 히스기야가 율법에 정한 것들을 제사장들과 백성들로 하여금 행하게 한 내용이다.

말3:10-11

"만군의 여호와가 이르노라 너희의 온전한 십일조를 창고에 들여 나의 집에 양식이 있게 하고 그것으로 나를 시험하여 내가 하늘 문을 열고 너희에게 복을 쌓을 곳이 없도록 붓지 아니하나 보라 만군의 여호와가 이르노라 내가 너희를 위하여 메뚜기를 금하여 너희 토지 소산을 먹어 없애지 못하게 하며 너희 밭의 포도나무 열매가 기한 전에 떨어지지 않게 하리니..."

④ 신약 시대

예수님께서 십일조를 드리되, 그 율법의 정신(정의, 긍휼, 신실한 믿음)을 함께 강조했다(마23:23).

바울은 헌금의 정신을 강조했다(고전16:1,2, 고후8,9장).

⑤ 십일조에 대한 속죄

하나님의 것인 십일조를 드리지 않고 자신의 것으로 사용했다면, 그 속량하는 방법이 있다.

레27:31

"사람이 그의 십일조를 무르려면 그것에 오분의 일을 더 할 것이요"

즉, 십일조 금액에 대한 20%의 과태료를 부과한 것이다. 가령 $100이 드리지 않은 것이 발견되면 $120 드려야 그 죄를 속하는 것이다.

⑥ 십일조의 정신

암4:4

"너희는 벧엘에 가서 범죄하며 길갈에 가서 죄를 더하며 아침마다 너희 희생을, 삼일마다 너희 십일조를 드리며"

본문은 아모스 선지의 지배층에 대한 심판 예언이다. 하나님이 기뻐하는 온전한 율법 정신에서 떠나, 율법주의적, 형식적인 죄에 빠져 드리는 십일조의 예물을 비판했다.

마23:23

"화있을진저 외식하는 서기관들과 바리새인들이여 너희가 박하와 회향과 근채의 십일조를 드리되, 율법의 더 중한 바 정의와 긍휼과 믿음은 버렸도다"

본문은 예수님이 힘써 예물을 드리되 율법의 정신을 실천하는 마음을 함께 가지도록 권면하는 말씀이다.

⑦ 십일조에 대한 그릇된 주장들

ⓐ 십일조는 구약에서만 주장한 것이고, 신약에서 예수님과 바울이 언급한 것이 없기 때문에 드릴 필요가 없다는 주장이 있다.

ⓑ 십일조와 은혜는 관계가 없다. 신약에서 구약의 할례를 행하는 것이 은혜가 주어지는 것이 아니듯이 십일조 또한 은혜가 주어지는 것이 아니라는 주장이 있다.

⑧ 바른 견해

구약과 신약 모두 하나님의 말씀이다. 신구약 중에서 어느 것이 더 중하고 덜 중하지 않다. 예수님은 율법을 무시하거나 배제하지 않으셨다. 오히려 율법을 폐하러 온 것이 아니라 완성하러 오신 것이다. 예수님의 율법 완성의 의미는 구약에서 잘못된 율법 부분을 없애고 새로운 말씀으로 고치는 것이 아니다. 이미 구약에 언급된 하나님의 말씀은 하나님의 말씀이다. 다만 구약의 율법을 행함에 있어, 하나님의 근본적인 뜻이 왜곡되고 또 비 복음적인 행함으로 나타나게 된 것과 이미 구약의 오실 메시야에 대한 성취로써, 이미 온 하나님의 나라와 다가올 하나님의 나라에 대한 영적인 삶을 언급하신 말씀이다.

십일조와 은혜의 관계에서, 은혜가 없으면 물질을 드릴 수 없다. 특히 예수님 자신이 은혜가 부요한 자리에서 자신을 드림으로 가난한 자로 오신 것과(고후8:9) 보화를 천국에 쌓도록 말씀하신 것(마6:20) 그리고 즐겨내는 자를 사랑하신다(고후9:6–7)는 말씀이 바로 은혜와 물질의 관계성이다.

8) 봉사(섬김)의 기쁨이 있는가?

성도의 신앙은 봉사를 통해 기쁨을 얻고 또 성장되어 간다. 성도가 봉사의 삶을 살지 못하면 행함이 없는 죽은 믿음이 된다(약2:17). 예수님도 이 땅에 인간을 섬기는 종으로 오셨다(막10:45).

성도는 섬기는(봉사) 자로서, "일하는 자"(에보다; 레35:39, 대상9:19), "집사"(디아코노스; 종, 하인, 심부름하는 자 등, 빌1:1, 딤전3:8, 12), "종"(둘로스; 노예) 등의 의미로 불린다.

성도의 섬김은 크게 두 가지다. 하나는 하나님을 향한 섬김으로 예배이다. 또 하나는 자신의 모든 재능과 물질과 힘과 시간을 하나님 나라와 세상을 위해 봉사하는 것이다.

엡4:12을 읽고 묵상하라.

"이는 성도를 온전하게 하며 봉사의 일을 하게 하며 그리스도의 몸을 세우려 하심이라"

본문에서 하나님께서 성도에게 주신 세 가지 직분의 사명은?

____

____

____

빌3:3을 읽고 묵상하라.

"하나님의 성령으로 봉사하며 그리스도 예수로 자랑하고 육체를 신뢰하지 아니하는 우리가 곧 할례파라"

본문에서 진정한 할례파인 성도의 봉사 자세는?

____

____

벧전4:10을 읽고 묵상하라.

"각각 은사를 받은 대로 하나님의 여러 가지 은혜를 맡은 선한 청지기 같이 서로 봉사하라"

본문에서 성도의 두 가지 봉사 원리는 무엇인가?

빌2:3을 읽고 묵상하라.

"아무 일에든지 다툼이나 허영으로 하지 말고 오직 겸손한 마음으로 각각 자기보다 남을 낫게 여기고"

본문에서 성도가 주님의 일을 할 때 가져야 할 두 가지 기본적인 자세는 무엇인가?

고후9:12을 읽고 묵상하라.

"이 봉사의 직무가 성도들의 부족한 것을 보충할 뿐 아니라 사람들이 하나님께 드리는 많은 감사로 말미암아 넘쳤느니라"

본문에서 성도의 봉사를 통해 얻는 두 가지 유익은 무엇인가?

당신은 성도로서 어떤 봉사를 하고 있는가? 성도는 교회에서 반드시 한 가지 이상 봉사을 해야 한다(기도, 물질, 은사, 몸 등).

9) 전도의 기쁨이 있는가?

성도는 자신이 얻은 구원의 감격을 이웃에게 전하므로 기쁨을 얻는다.

그렇기 때문에 성도는 하나님으로부터 세상에 파송(Sending)을 받은 선교의 사명(Mission)자들이다.

옛 속담에 "아무 것도 겨냥하지 않으면 아무 것도 맞출 수 없다"는 말이 있다. 성도가 전도의 사명을 감당하기 위하여는 먼저 한 생명을 반드시 구원하여 천국 갈 수 있게 해야 한다는 간절함과 절박감이 있어야 한다. 그리고 자신이 처한 환경의 자리(가정, 집안, 직장, 삶의 일터)에서 그 전도의 대상을 선택하고, 마치 부모가 자녀를 잃은 심정으로 그 대상자를 위해 돌봄과 기도를 하여야 하며, 그리고 적절한 시기에 복음을 전할 수 있는 기회를 마련하도록 노력해야 할 것이다.

요17:18을 읽고 묵상하라.

"아버지께서 나를 세상에 보내신 것 같이 나도 그들을 세상에 보내었고"

요20:21을 읽고 묵상하라.

"예수께서 또 이르시되 너희에게 평강이 있을지어다 아버지께서 나를 보내신 것 같이 나도 너희를 보내노라"

위의 두 본문에서 성도는 누구로부터 세상에 보냄을 받았으며, 또 무슨 사명을 위해 보냄을 받았는가?

____

____

본문에서 "보냄"의 의미를 이해할 수 있는가?

____

당신이 부활의 확신을 가진 성도라면 지옥 갈 생명을 천국으로 인도하기 위해 세상에 파송 받은 선교의 소명자로 고백한 적이 있는가?

____

____

마28:19-20을 읽고 묵상하라.

"그러므로 너희는 가서 모든 민족을 제자로 삼아 아버지와 아들과 성령의 이름으로 세례를 베풀고, 내가 너희에게 분부한 모든 것을 가르쳐 지키게 하라. 볼지어다. 내가 세상 끝날까지 너희와 항상 함께 있으리라 하시니라"

본문은 예수님께서 승천하기에 앞서 제자(성도)들에게 위임한 마지막 분부이다. 본문에서 예수님의 위임령의 사명을 감당하기 위한 3단계의 행동강령은 무엇인가?

____

____

행1:7-8을 읽고 묵상하라.

"이르시되 때와 시기는 아버지께서 자기의 권한에 두셨으니 너희가 알 바 아니요 오직 성령이 너희에게 임하시면 너희가 권능을 받고 예루살렘과 온 유대와 사마리아와 땅 끝까지 이르러

내 중인이 되리라 하시니라"

본문에서 성도가 전도(선교)의 사명을 감당할 수 있는 힘의 원천은 무엇인가?

____

____

요9:4을 읽고 묵상하라.

"때가 아직 낮이매 나를 보내신 이의 일을 우리가 하여야 하리라. 밤이 오리니 그때는 아무도 일할 수 없느니라"

본문에서 성도에게 위임한 전도 사명의 기회는 언제인가? 본문에서 그 답을 찾아 적어보라.

____

____

행20:24을 읽고 묵상하라.

"내가 달려갈 길과 주 예수께 받은 사명 곧 하나님의 은혜의 복음을 증언하는 일을 마치려 함에는 나의 생명조차 조금도 귀한 것으로 여기지 아니하노라"

본문은 선교사 바울의 선교 사명에 대한 고백이다. 당신은 성도로서 세상을 향해 전도와 선교의 사명을 받았다. 지금도 당신의 마음속에 전도와 선교에 대한 뜨거운 열정이 남아 있는가?

____

____

지금까지 전도 및 선교에 대한 참여 사례가 있으면 함께 나누어 보자.

____

____

10) 교회 지체된 기쁨이 있는가?

교회는 예수님이 직접 세우셨고, 성령강림으로 오순절에 초대 교회가 탄생되었으며, 바울은 선교사역 가운데 교회를 개척선교 하면서 교회를 그리스도의 몸으로 증거했다.

교회는 예수님의 교회(My Church)이므로, 하나님 나라의 영적 임재가 있어야 하고, 예수 그리스도와 지체된 성도들의 노력으로 든든히 세워져 가야 한다.

따라서 성도는 주님이 기뻐하시는 아름다운 교회를 세우기 위하여 지체 상호간에 화목과 기쁨이 충만해야 한다.

① 관계를 회복하라.

ⓐ 벽

성도 사이에 화목하는 길은 서로 간에 막힌 불신의 벽을 허무는 것이다.

마5:23-24을 읽고 묵상하라.

"예물을 제단에 드리려다가 거기서 네 형제에게 원망들을 만한 일이 있는 것이 생각나거든 예물을 제단 앞에 두고 먼저 가서 형제와 화목하고 그 후에 와서 예물을 드리라"

본문은 하나 됨의 교회를 세우기 위해서는 성도간의 불신의 벽을 허물어야 함을 권면하고 있다.

본문에서 하나님이 기뻐하는 것이 무엇인가?

____

____

예배에 앞서 형제 화목을 말씀하고 있다. 당신은 성도로서 아직도 형제 간에 벽으로 남아 있는 부분이 있는가?

____

____

지금 벽이 남아 있다면 어떤 노력이 필요한가?

____

____

벽을 허물게 된 용서의 사례가 있으면 서로 나누어 보라.

____

____

ⓑ 노력

성도 사이의 화목의 길을 위해서는 지체된 자들이 화목을 위한 기도와 인간적인 사랑, 용서, 섬김의 노력이 필요하다.

고전1:10을 읽고 묵상하라.

"형제들아 내가 우리 주 예수 그리스도의 이름으로 너희를

권하노니 모두가 같은 말을 하고 너희 가운데 분쟁이 없이 같은
마음과 같은 뜻으로 온전히 합하라"

　본문에서 교회에 지체된 성도 간에 온전한 교회생활을 위하
여 어떤 마음을 가져야 하는가?

____

____

　잠20:19을 읽고 묵상하라.

　"두루 다니며 한담하는 자는 남의 비밀을 누설하나니 입술을
벌린 자를 사귀지 말지니라"

　본문에서 성도 간의 화목 관계성을 형성하기 위하여 성도는
어떤 입술을 지녀야 하는가?

____

____

　롬14:19을 읽고 묵상하라.

　"우리가 화평의 일과 서로 덕을 세우는 일을 힘쓰나니"

　본문에서 성도 관계를 회복하기 위하여 성도가 가져야 할 신
앙덕목은 무엇인가?

____

____

　마18:15-17을 읽고 묵상하라.

“네 형제가 죄를 범하거든 가서 너와 그 사람과만 상대하여 권
고하라. 만일 들으면 네가 네 형제를 얻은 것이요 만일 듣지 않거
든 한두 사람을 데리고 가서 두세 증인의 입으로 말마다 확증하
게 하라. 만일 그들의 말도 듣지 않거든 교회에 말하고 교회의 말
도 듣지 않거든 이방인과 세리와 같이 여기라”

본문은 성도간의 갈등문제를 해결하는 방법이다. 어떤 방법이
하나님의 방법인가?

____

____

빌2:4을 읽고 묵상하라.

“각각 자기 일을 돌볼 뿐더러 또한 각각 다른 사람들의 일을
돌보아 나의 기쁨을 충만하게 하라”

본문에서 성도 간의 아름다운 관계성을 유지하기 위하여 어
떤 지체의식이 필요한가?

____

____

마7:5을 읽고 묵상하라.

“외식하는 자여 먼저 네 눈 속에서 들보를 빼어라. 그 후에야
밝히 보고 형제의 눈 속에서 티를 빼리라”

본문에서 성도 간의 바른 관계성을 위하여 다른 사람의 문제
점을 지적하기에 앞서 무엇이 선행되어야 하는가?

잠15:1을 읽고 묵상하라.

"유순한 대답은 분노를 쉬게 하여도 과격한 말은 노를 격동하느니라"

본문은 하나 됨의 교회를 세우기 위해 성도 간의 말의 문제를 다루고 있다. 문제 발생의 원인을 사람의 탓으로 돌리지 말고 문제 그 자체에 초점을 맞추어야 한다. 본문에서 성도 간의 바른 관계성을 회복하기 위하여 어떤 대화 기술이 필요한가?

ⓒ 존중

살전5:12-13을 읽고 묵상하라.

"형제들아 우리가 너희에게 구하노니 너희 가운데서 수고하고, 주 안에서 너희를 다스리며 권하는 자들을 너희가 알고, 그들의 역사로 말미암아 사랑 안에서 가장 귀히 여기며 너희끼리 화목하라"

본문은 교회가 하나 됨을 위하여, 성도들이 지도자들을 지지하고 협력할 것을 권면한 말씀이다. 구체적으로 성도가 교회의 목사나 지도자들을 어떠한 태도로 협력해야 하는가?

당신은 교회에서 지체의 기쁨이 충만한가?

____

____

5. 말씀과 진단의 관계성

그동안 나 자신이 생각하고 믿고 생활한 교회상과 말씀의 교회론이 일치되는 점을 발견했는가?

____

____

그리고 말씀을 통해 새롭게 깨달은 부분을 발견했는가?

____

____

이제 말씀에 나타난 교회를 통해 그동안 부족한 나의 교회생활을 점검하고 앞으로는 10가지 기쁨의 교회생활을 할 것을 다짐해 보았는가?

____

____

6. 변화

　본 과를 통해 성도의 모임이 곧 교회임을 깨닫게 되었다.

　따라서 나 ○○○가 바른 성도가 될 때 우리 교회는 하나님의 기뻐하는 교회가 됨을 깨닫게 되었다.

　나 ○○○는 교회 다니는 목적을 분명히 깨달았고, 또 기쁨의 교회생활을 위한 변화의 다짐을 하였다.

　나 ○○○는 앞으로 기쁨의 교회생활을 위한 10가지 항목 즉 기다림의 주일, 기쁨의 구원, 예배, 말씀, 기도, 교제, 드림, 봉사, 전도, 지체의 삶이 꼭 실천되도록 노력하여, 다시 새롭게 거듭난 성도가 될 것을 다짐해 본다.

7. 성도인가?

　나는 본과를 통하여 구원 받은 자로서, 교회의 지체로서, 하나님 나라 확장에 동참하는 자랑스러운 성도가 되었다.

　나 ○○○는 하나님의 선택, 부르심을 입은 성도로서, 주님의 몸 된 교회를 세우는 데 지체로서의 모든 사명을 충성되게 감당하는 성도가 될 것이다.

　나 ○○○성도를 본받는 자들이 가정, 교회, 세상에서 칭송이 되도록 성도의 삶을 살 것이다.

시온성과 같은 교회 그의 영광 한없다 / 허락하신 말씀대로 주가 친히 세웠다 / 반석위에 세운 교회 흔들자가 누구랴 / 모든 원수 에워싸도 아무 근심 없도다.

기도

사랑의 주님!

나를 주님의 몸된 교회의 지체가 되게 해 주심을 감사합니다. 그 동안 성도란 이름과 교회의 고귀한 직분을 받고서도, 주님의 몸 된 교회의 지체의 사명을 감당하지 못했습니다. 주님의 교회 일보다 나 자신의 일하는 데 급급했으며, 교회가 힘들고 어려울 때도 솔선해서 주님의 교회에 먼저 양식이 있게 하기 보다는 나 자신의 배부름에 빠져 돌보지 못하였습니다. 그리고 언제나 '나보다는 다른 사람이 하겠지' 라고 핑계하면서, 교회 뜰만 밟고, 교회 주위만 맴돌고 이름뿐인 직분으로 교회생활을 하였습니다.

주님! 용서해 주십시오.

이제부터는 주님의 몸된 교회에 꼭 붙어서 교회 중심으로 신앙생활과 나의 삶을 살기를 소원합니다. 주님! 제발 나의 욕심에서 하나님 먼저 섬기는 복의 성도가 될 수 있도록 성령님께서 도와주소서.

그리하여 주님 앞에 설 때에 영생의 복과 면류관 받으며, 이 땅에서도 교회의 지체의 성도로서 주님이 주시는 장수의 복과 일용할 양식으로 채움 받는 성도가 되게 하옵소서.

　예수님의 이름으로 기도 드립니다.

　옆자리에 앉아 있는 형제자매의 손을 잡고 기쁨의 교회 생활을 할 수 있도록 통성으로 서로 기도하자.

　우리 하나님께 영광의 박수를 보냅시다.

해설 및 해답

2. 말씀

1) 교회가 무엇인가?

- 계17:4: 부르심, 빼내심, 진실한 자들
- 마22:1-14: 교회=혼인잔치, 부르심(택한 자의 청함 또는 거리의 사람들), 예복(구별된 자), 심판(예복 입은 자와 입지 않는 자), "청함을 받은 자는 많되 택함을 입은 자는 적으니라"
- 혼인잔치의 참석 경위: 청함을 받은 자가 참석치 않으므로, 그 청함이 이방으로 넘어갔다. 다시 말하면 교회가 복음을 전파하나 그 복음을 받아들이는 자는 적다. 그리고 복음은 누구나 받을 수 있는 기회가 주어져 있다.
- 임금: 하나님, 종들: 선지자 및 복음 전하는 자들, 초청: 하나님이 구원의 초대, 잔치: 구원의 자리, 교회, 천국 등, 예복: 초청을 받아서 구별됨의 의미를 지닌 성도가 되어야 한다.
- 요20:21: 제자, 오늘의 구원받은 성도를 향한 말씀이다. 보낸다는 의미는 사명을 주심이다. 하나님이 세상을 구원하기 위해 예수를 세상에 보내셨듯이, 예수님이 세상을 구원하기 위해 제자와 성도를 보내심이다.
- 마28:19-20: 배경: 승천 앞두고 하신 분부다. 위임: 가서 제자 삼는 것(구원받은 성도를 만드는 것). 너희는: 제자(구원받은 성도). 대위임령을 절대적으로 받아들일 수 있는가? 예수의 승천 시 마지막 분부다.
- 고전1:2: 성도와 예수 그리스도의 이름을 부르는 모든 자
- 롬1:7: 하나님의 사랑을 입은 자

2) 교회의 영원한 본질

• 마16:16-18: 교회란 의미, 부르심, 택하심, 신실한 백성의 모임. 본질: 신앙고백위에 세워진 우주적인 열림의 내(주님) 교회다.
• 행1:8: 증인
• 행2:42-47: 사도의 가르침, 교제, 기도, 모임, 기사와 표적, 찬미, 구원받은 백성이 날마다 더하게 하는 교회다.
• 요15:5: 접목(붙어있어야 한다). 접목의 유익: 과실을 많이 맺음.
• 고전12:12-27: 그리스도는 몸이고 성도는 지체다(포도나무와 가지 비유다)
• 엡 2:20-21: 기초: 예수, 터: 사도와 선지자, 기둥과 지체: 성도들

3) 성경에 나타난 참 교회상

• 계2:8-11: 환난과 궁핍 속에 믿음을 지킴, 장차 받을 고난을 두려워하지 않았다. 죽도록 충성하여 생명의 면류관을 바라보는 교회
• 계3:7-13: 작은 능력을 가지고도 내 말을 지키며 내 이름을 배반하지 아니했다. 인내의 믿음지킴. 새 예루살렘의 이름과 나의 새 이름을 그 위에 기록하리라.
• 행11:19-30, 13:1-3: 환난 가운데 믿음으로 세운 교회, 그리스도인이란 이름이 불린 교회. 믿음의 일꾼들이 모인 교회, 바울과 바나바를 안수하여 이방선교사를 파송한 선교교회다.

4) 성경에 나타난 변질된 교회상

• 겔10:18: 그룹들이 예루살렘 성전을 떠남.
• 계2:5: 네 촛대를 옮김
• 계2:12-17: 발람의 교훈을 따르고, 우상의 제물을 먹고 행음을 하였다. 또 니골라당의 교훈을 따름.
• 계2:18-29: 자칭 선지자 이세벨을 용납한 것. 행음하고 우상의 제물을 먹음. 회개의 기회를 주었으나 회개치 않음이다.
• 계3:1-6: 네가 살았다 하는 이름을 가졌으나 죽은 자로다.

- 계3:14-22: 차지도 덥지도 아니한 신앙이다. 네 곤한 것과 가련한 것과 가난한 것과 눈먼 것과 벌거벗은 것을 알지 못하노라.
- 고전3:4-6: 파벌주의다. 바울, 아볼로파,

3. 왜 교회에 나가는가?

- 행3:2: 구걸,
- 행3:6: 나사렛 예수 이름으로 일어나 걸어라. 교회사명: 복음을 주라. 영과 육의 구원받음
- 잠8:17: 주님 사랑 하는 자, 간절히 찾는 자.
- 렘29:12-13: 부르짖고, 기도하고, 전심으로 나를 찾으라.
  요1:45-49: 당신은 하나님의 아들이시오, 이스라엘의 임금이로소이다.
- 행16:25-34: 내가 어떻게 하여야 구원을 얻으리이까? 구원받은 성도의 봉사: 가족을 구원하기 위하여 자기 집으로 초대하여 음식을 베풀게 된다.
- 요1:41: 형제 시몬
- 행3:8-10: 구걸의 삶에 치유 받고 성전에서 하나님 찬미하고, 증거하는 삶을 산다.
- 빌4:6: 무거운 짐을 주께 맡김
- 롬12:4-5: 지체 사명
- 고전12:20-26: 교회는 유기체다. 제자리 제 볼일을 하라. 공존과 협력의 관계, 기분에 따른 교회생활은 영적인 성장을 기대할 수 없다. 한 지체가 문제가 생기면 모든 지체가 고통을 당한다.
- 롬14:17: 의, 평강, 희락이다.
- 마13:33: 누룩 같은 삶
- 마28:19-20: 대 위임령의 사명을 감당해야 한다.
- 행1:8: 증인
- 사42:6-7: 이방의 빛이 되게 하리라.

- 엡2:10: 예수 안에서 선한 일을 위해 지으심을 받았다.
- 마5:13-16: 빛과 소금의 삶

4. 교회생활에 기쁨이 있는가?

1) 주일이 기다려지는가?
- 시118:24-26: 여호와께서 정하신 날이다. 구하는 것: 구원하소서, 형통하소서, 약속: 복

2) 구원의 기쁨이 있는가?
- 고전6:19-20: 십자가의 대속의 죽음이다.

3) 예배의 기쁨이 있는가?
- 히4:16: 은혜의 보좌

4) 말씀의 기쁨이 있는가?
- 시119:103: 꿀보다 달다.

5) 기도의 기쁨이 있는가?
- 살전5:16: 기뻐하는 것, 쉬지 말고 기도, 범사에 감사
- 행10:2-4: 하나님 앞에 상달되어 기억하신 바 됨
- 삼상12:23: 기도하기를 쉬는 죄를 범하지 않겠다.
- 행16:24-27: 갑자기 큰 지진이 나서 옥터가 움직이고 문이 곧 다 열리며 모든 사람의 매인 것이 다 벗어진지라.
- 출14:15: 이스라엘 자손에게 명령하여 앞으로 나아가게 하고
- 렘33:3: 내게 부르짖으면, 내가 네게 응답하겠고 내가 알지 못하는 크고 은밀한 일을 보이리라.
- 출15:26: 나는 너희를 치료하는 여호와임이라.
- 렘30:17: 내가 너를 치료하여 네 상처를 낫게 하리라. 치료와 치유: 너를 치료하여 네 상처를 낫게 하리라.
- 말4:2: 치료하는 광선으로 치유를 약속하고 있다.
- 사38:2-5: 주 앞에서 진실과 전심으로 행하며, 주의 목전에서 선하게 행한 것을 기억하옵소서.

히스기야의 평소의 삶: 진실과 전심으로 행하며, 주의 목전에서 선하게 행한 것.

기도의 간절함: 통곡하니

• 약5:15-16: 병든 자를 구원하며 주께서 그를 일으키심, 죄를 범하였을지라도 사하심을 얻는다.

6) 교제의 기쁨이 있는가?

• 갈6:2: 서로 짐을 지라.

• 롬14:19: 화평과 덕을 세우는 일

• 약5:16: 죄를 서로 고하는 열린 마음이다.

• 골3:13: 서로 용납하여 피차 용서하라.

• 롬12:15: 함께 즐거워하고 함께 울라.

• 행2:44-46: 모든 물건을 서로 통용하고 재산을 팔아 각 사람에게 나눠주고, 집에서 떡을 떼며, 음식을 먹고.

7) 드림의 기쁨이 있는가?

• 고후9:6-7: 각각 그 마음에 정한 대로 할 것이요 인색함으로나 억지로 하지 말고 즐겨내라.

• 고후9:5: 준비하여 드리는 예물

• 출23:15: 예물을 준비하여 주의 전에 나아가야 한다.

• 마23:23: 외식하며 예물을 드리지 말라, 예물의 정신은 정의와 긍휼과 믿음의 신실한 마음으로 예물을 드려라.

• 말3:10-11: 헌금의 정신(감사, 헌신, 정성)으로 온전한 물질(1/10 금액)을 드려야 한다.

축복의 약속: 복을 주심, 황충을 금하고, 토지소산을 멸하지 않게 하며, 포도나무의 과실이 기한 전에 떨어지지 않게 한다.

• 신14:28-29: 너희 손으로 하는 범사를 축복한다.

• 고후9:6-7: 즐겨내는 자를 사랑하신다.

8) 봉사의 기쁨이 있는가?

- 엡4:12: 성도로 온전하게 하며, 봉사의 일, 그리스도의 몸을 세우는 일.
- 빌3:3: 성령으로 봉사하며, 예수를 자랑하며, 육체를 신뢰하지 아니한다.
- 벧전4:10: 은사와 은혜를 받은 대로 봉사하라.
- 빌2:3: 다툼과 허영을 버리고, 겸손한 마음으로 봉사하라.
- 고후9:12: 부족한 것을 보충하고, 감사가 넘친다.

9) 전도의 기쁨이 있는가?

- 요17:18, 20,21: 예수 그리스도, 전도의 사명
  보냄의 의미: 예수 그리스도의 구령의 위임 받음을 의미한다.
- 마28:19-20: 모든 민족으로 가서 제자 삼아, 세례를 베풀고, 주님의 모든 분부를 가르쳐 지키는 일.
- 행1:7-8: 성령의 권능을 받는 일
- 요9:4: 아직 낮이매(현재)
- 행20:24:

10) 교회 지체된 기쁨이 있는가?

- 마5:23-24: 하나님이 기뻐하는 것: 먼저 형제와 화목하고 제단에 예물을 드려라.
  형제간에 벽을 허무는 방법은 신앙이 깊은 자가 먼저 다가가서 벽을 허무는 일에 노력해야 한다.
- 고전1:10: 온전히 합하라.
- 잠20:19: 입술을 벌린 자(남의 비밀을 누설하거나 입술을 벌린 자)가 되지 말아야 한다.
- 롬14:19: 화평과 덕을 세우는 일
- 마18:15-17: 갈등문제 해결: 형제가 죄를 범하면 먼저 권면하되 듣지 않으면 두 세 증인을 통해 권면하고, 그 말도 듣지 않으면

교회를 통해 권면하고 그래도 권면을 듣지 않으면 이방인 또는
세리로 여김.

- 빌2:4: 자기 일뿐만 아니라 다른 사람들의 일을 돌보아 주는 마
음과 행위가 중요하다.
- 마7:5: 자기의 들보를 먼저 보고, 다른 형제의 눈에 티를 보는 자
세가 중요하다.
- 잠15:1: 유순한 말을 하고 노를 피하라.
- 살전5:12-13: 성도는 먼저 목사가 하는 사역은 개인의 일이 아니
라 하나님의 위임 받은 일임을 알아야 한다. 그리고 지도자를 사
랑하고 존중해야 한다. 이를 위해 모든 성도가 분열과 다툼 없이
화목함으로 협력해야 한다.

제 8 권 성도의
가정입니까?

'만원의 행복' 이라는 제목의 수필내용입니다.

가난하게 사는 가정의 남편이 하루는 아내에게 돈 만원을 내밀었습니다. "당신, 많이 핼쑥해졌어. 내일 몰래 혼자 고기뷔페에 가서 영양보충 좀 하고 오구려." 그러나 아내는 가족을 두고 혼자서만 고기를 먹으러 갈 수가 없었습니다. 아내는 앞치마에서 그 만원을 꺼내 노인정에 가시는 시아버지 손에 쥐어드렸습니다. "아버님, 용돈 한 번 제대로 못 드려서 죄송해요. 작지만 이 돈으로 친구분과 점심이라도 사 드세요." 시아버지는 너무나 고마웠지만 어렵게 살림하는 며느리가 보기 안쓰러워 만원을 쓰지 못하고 노인정에 가서 실컷 자랑만 했습니다.

며칠이 지나 설날이 다가오자 할아버지는 손녀의 세배를 받았습니다. 기우뚱거리며 세배를 하는 손녀가 훌쩍 자라 학교에 간답니다. 세배를 받은 할아버지는 얼마 전 며느리가 주었던 만원을 꺼내 손녀에게 세뱃돈으로 주었습니다. 세뱃돈을 받은 어린 손녀는 엄마를 부르더니 할아버지에게서 받은 만원을 내밀었습니다. "이 돈 엄마한테 맡길래. 나 학교 갈 때 예쁜 책가방 사 줘." 만원을 받은 아내는 남편 생각이 났습니다. 내색은 하지 않았지만 요즘 힘들어하는 남편을 안쓰럽게 느끼고 있던 터라, 아내는 조용히 일어나 남편 양복 속주머니에 낮에 딸이 맡긴 만원을 넣었습니다. "여보, 이 돈으로 맛있는 점심이라도 한 끼 사 드세요." 라는 쪽지와 함께….

참 흐뭇한 이야기입니다. 많은 사람들이 세상이 불공평하다 하지만, 행복의 법칙에 있어서 세상은 분명 공평한 것 같습니다. 내가 누군가의 마음에 전해 준 행복은 반드시 내게로 돌아오게 되어 있습니다.

예수님은 말씀하십니다. "무엇이든지 남에게 대접을 받고자 하는 대로 너희도 남을 대접하라 이것이 율법이요, 선지자니라"(마7:12). 내가 행복하기를 바란다면 먼저 누군가를 행복하게 해 주어야 합니다. 내가 위로 받기를 바란다면 내가 먼저 위로할 수 있어야 합니다. 그러할 때에 하나님께서는 나의 작은 친절로 많은 사람들을 행복하게 하고 마침내 내게로 다시 돌아오게 하십니다. 우리 이웃에게 사랑의 씨앗을 심으십시오. "사람이 무엇으로 심든지 그대로 거두리라"(갈6:7). 행복은 사랑의 씨앗을 어떻게 심고 가꾸는가에 달려 있습니다. 나는 오늘 누구에게 작은 행복을 줄 수 있는가?

성도의 가정입니까?

가정은 인간의 모든 삶과 역사 속에서 가장 기초적이고 핵심적인 공동체로서, 창조와 함께 하나님이 만드신 가장 원초적인 제도이다.

하나님이 만드신 가정은 복의 근원으로서 인간의 존재 근거가 될 뿐 아니라, 신앙생활과 사회생활의 모든 분야에 걸쳐 기초가 된다.

성도는 교회를 위하여 하나님으로부터 세우심을 받은 직분인 동시에, 가정의 일원으로서 부름 받았다. 그러므로 성도는 교회 및 가정과 필연적인 신앙공동체, 혈연공동체, 운명공동체, 사랑공동체로서의 관계성을 가지고 있으며, 어느 한 쪽도 소홀히 할 수 없는 밀접한 관계성이 있다. 가령 성도의 가정에 문제가 발생하면, 성도가 섬기는 교회에 영향을 미치게 되며, 또 교회에 문제가 발생하면 성도의 가정에 참된 기쁨과 평화를 가져다주지 못하기 때문이다. 그러므로 성도의 가정은 신앙생활에 매우 중요하며, 믿지 않는 세상 사람들에게 본이 되는 행복한 가정이 되어야 한다.

1. 진단

당신의 가정은 행복한가?

____

____

당신의 가정은 신앙, 사랑, 대화, 건강, 질서가 있는 가정인
가?

____

____

당신의 부부관계는 행복한가?

____

____

당신의 자녀는 잘 자라가고 있는가?

____

____

위의 질문에서 당신의 가정에서 실현되고 있는 부분과 부족
한 부분을 서로 나누어 보자.

____

____

2. 말씀

성경은 행복한 가정에 대하여 말씀하고 있다.

1) 행복한 가정의 조건

가정은 행복해야 한다. 이것이 하나님이 가정을 만들어 주신 의중(mind)이다. 성도의 가정은 행복이 넘쳐야 한다. 성도의 가정이 행복하지 못하고 하나님께 영광을 돌리지 못하면 전도의 문이 막히게 된다.

성경은 행복한 가정의 조건을 다음과 같이 제시하고 있다.

① 신앙(Faith)

행복한 가정의 출발은 하나님을 믿는 신앙에서 출발한다.

신6:1-7을 읽고 묵상하라.

"이는 곧 너희 하나님 여호와께서 너희에게 가르치라고 명하신 명령과 규례와 법도라. 너희가 건너가서 차지할 땅에서 행할 것이니 곧 너와 네 아들과 네 손자들이 평생에 네 하나님 여호와를 경외하며 내가 너희에게 명한 그 모든 규례와 명령을 지키게 하기 위한 것이며, 또 네 날을 장구하게 하기 위한 것이라. 이스라엘아 듣고 삼가 그것을 행하라. 그리하면 네가 복을 얻고 네 조상들의 하나님 여호와께서 네게 허락하심 같이 젖과 꿀이 흐르는 땅에서 네가 크게 번성하리라. 이스라엘아 들으라. 우리 하나님 여호와는 오직 유일한 여호와이시니 너는 마음을 다하고 뜻을 다하고 힘을 다하여 네 하나님 여호와를 사랑하라. 오

늘 내가 네게 명하는 이 말씀을 너는 마음에 새기고 네 자녀에
게 부지런히 가르치며 집에 앉았을 때에든지 길을 갈 때에든지
누워 있을 때에든지 일어날 때에든지 이 말씀을 강론할 것이며"

본문에서 행복한 가정이 되기 위한 조건이 무엇인가?

____

____

하나님을 경외하는 가정에 대한 복의 약속은 무엇인가?

____

____

____

시128:1-6을 읽고 묵상하라.

"여호와를 경외하며 그의 길을 걷는 자마다 복이 있도다 네
가 네 손이 수고한 대로 먹을 것이라 네가 복되고 형통하리로다
네 집 안방에 있는 네 아내는 결실한 포도나무 같으며 네 식탁
에 둘러 앉은 자식들은 어린 감람나무 같으리로다 여호와를 경
외하는 자는 이같이 복을 얻으리로다 여호와께서 시온에서 네
게 복을 주실지어다 너는 평생에 예루살렘의 번영을 보며 네 자
식의 자식을 볼지어다 이스라엘에게 평강이 있을지로다"

본문에서 하나님을 경외하고 그 도를 행하는 가정에 대한 어

떤 복이 약속되고 있는가?

삼하6:11을 읽고 묵상하라.

"여호와의 궤가 가드사람 오벧에돔의 집에 석 달을 있었는데 여호와께서 오벧에돔과 그의 온 집에 복을 주시니라"

본문에서 하나님의 궤가 오벧에돔의 집에 머물게 되므로 그 집이 복을 받았다. 그 가정이 복 받은 이유가 무엇이라고 생각하는가?

---

② 사랑(love)

사랑은 실제적인 가정의 출발 동기가 될 뿐 아니라 원만한 가족 관계를 유지시키는 원동력이 된다. 가정의 사랑은 수시로 변할 수 있는 감정적인 사랑에 머무는 것이 아니라 신앙 안에서 의지적, 감성적, 실천적인 차원인 전인격적인 사랑이 되어야 한다. 이 같은 진정한 사랑이 가정 안에서 부부관계, 부자관계, 형제자매 간에 계속 유지되고 깊어갈 때 그 가정은 실로 행복이 가득한 가정이 될 수 있는 것이다.

헬라 사회는 5가지 사랑의 유형이 있다. 아가페(하나님의 인간을 향한 사랑; 무조건적 사랑, 엡5:25), 필리아(공동의 관심, 대화, 목적, 감정 등을 서로 주고받는 사랑; 형제, 친구의 사랑, 벧전1:22), 스톨케(자연 발생적인 혈연적인 사랑, 특히 부모의 자녀 사랑), 에로스(조건적인 감성적인 사랑으로 남녀 간의 성적인 사랑), 필란드로피아(자선의 의미가 강한 사랑; 선, 위로, 긍휼의 마음, 잠31:20).

아가페 사랑을 제외한 모든 사랑은 선택과 제약 가운데 있는 사랑이다. 각 사랑의 제약을 극복하는 길은 아가페 사랑으로 모든 사랑을 바라 볼 때 가능하며, 그 때에 비로소 사랑을 완성할 수 있다.

＊사랑이 있는 가정

행복한 성도의 가정이 되기 위해서는 적어도 아래 7가지의 사랑의 원리가 적용되어야 한다.

ⓐ 서로 사랑하라.

행복한 가정은 모든 구성원이 서로 사랑하는 마음으로 충만해야 한다.

요15:12을 읽고 묵상하라.

"내 계명은 곧 내가 너희를 사랑한 것 같이 너희도 서로 사랑하라 하는 이것이니라"

본문에서 행복한 성도의 가정이 되기 위해서는 가족 구성원 간에 무엇이 전제되어야 하는가?

____

____

ⓑ 가족 구원에 힘쓰라.

가족 중에서 불신자가 있다면 그 구성원의 영혼 구원을 위해 많은 사랑을 베풀어야 한다.

행16:31-34을 읽고 묵상하라.

"이르되 주 예수를 믿으라 그리하면 너와 네 집이 구원을 받으리라 하고 주의 말씀을 그 사람과 그 집에 있는 모든 사람에게 전하더라 그 밤 그 시각에 간수가 그들을 데려다가 그 맞은 자리를 씻어주고 자기와 온 가족이 다 세례를 받은 후 그들을 데리고 자기 집에 올라가서 음식을 차려 주고 그와 온 집안이 하나님을 믿으므로 크게 기뻐하니라"

본문은 빌립보 간수의 가정이 구원받은 내용이다. 복음을 먼저 받은 가족이 믿지 않는 가족을 위해 어떤 사랑을 실천하고 있는가?

____

____

당신의 가족 중에 불신자가 있는가?

____

만약 있다면 지금 구원을 위해 영적, 육적으로 어떤 노력을 하고 있는가? 사례가 있는 사람은 함께 나눔의 시간을 가지자.

ⓒ 기도가 있는 가정이 되라.

기도는 행복한 성도의 가정을 만드는데 윤활유 역할을 한다. 가족 구성원 간에 문제와 아픔이 있을 때 하나님께 서로 기도함으로 문제를 해결 받도록 한다. 기도는 모든 문제를 푸는 Master Key이다.

삼하12:15-16을 읽고 묵상하라.

"우리아의 아내가 다윗에게 낳은 아이를 여호와께서 치시매 심히 앓는지라. 다윗이 그 아이를 위하여 하나님께 간구하되 금식하고 안에 들어가서 밤새도록 땅에 엎드렸으니"

본문에서 다윗은 자녀를 어떻게 사랑했는가?

당신은 부모로서 자녀를 위해 기도하고 있는가?

만약 자녀를 위해 기도하고 있다면 주로 어떤 때와 장소에서 기도하고 있는가?

ⓓ 서로 위로와 보살핌을 나누라.

행복한 성도의 가정은 가족 구성원 간에 위로와 보살핌이 있어야 한다. 특히 약한 지체에게 더욱 그러하다.

삼상1:7-8을 읽고 묵상하라.

"매년 한나가 여호와의 집에 올라갈 때마다 남편이 그 같이 하매 브닌나가 그를 격분시키므로 그가 울고 먹지 아니하니 그의 남편 엘가나가 그에게 이르되 한나여 어찌하여 울며 어찌하여 먹지 아니하며 어찌하여 그대의 마음이 슬프냐 내가 그대에게 열 아들보다 낫지 아니하냐"

본문에서 한나의 고통을 엘가나가 어떤 위로와 보살핌으로 사랑했는가?

____

____

당신은 자녀 가운데 정신적, 육체적으로 약한 자녀에 대해 어떤 관심을 베풀고 있는가?

____

____

ⓔ 부모가 자식을 축복하고 사랑하라.

행복한 성도의 가정은 부모가 자식을 사랑하며 축복하는 가정이다. 부모는 자식을 사랑하고 축복할 권리가 주어져 있다.

왕하4:17-37을 읽고 묵상하라.

"여인이 과연 잉태하여 한 해가 지나 이 때쯤에 엘리사가 여인에게 말한 대로 아들을 낳았더라 그 아이가 자라매... 어머니의 무릎에 앉아 있다가 죽은지라...드디어 갈멜 산으로 가서 하나님의 사람에게로 나아가니라... 엘리사가 내려서 집 안에서 한 번 이리 저리 다니고 다시 아이 위에 올라 엎드리니 아이가 일곱 번 재채기 하고 눈을 뜨는지라....여인이 들어가서 엘리사의 발 앞에서 땅에 엎드려 절하고 아들을 안고 나가니라"

본문에서 수넴 여인의 자녀 사랑은 어떠한 모습으로 나타났는가?

____

____

ⓕ 자녀는 부모에게 순종하고 공경해야 한다.

행복한 성도의 가정은 자녀들이 부모에게 순종하고 효도한다.

요19:26-27을 읽고 묵상하라.

"예수께서 자기의 어머니와 사랑하시는 제자가 곁에 서 있는 것을 보시고 자기 어머니에게 말씀하시되 여자여 보소서 아들이니이다 하시고 또 그 제자에게 이르시되 보라 네 어머니라 하신대 그 때부터 그 제자가 자기 집에 모시니라"

본문에서 예수님은 육신의 부모를 사랑하였는가?

____

____

당신은 당신의 부모를 사랑하고 있는가?

____

____

당신이 부모를 사랑하고 있다면 어떠한 방법으로 사랑을 표현했는가? 순종, 물질, 기도 등에 착안하라.

⑧ 이웃을 사랑하는 가정이 되라.

행복한 성도의 가정은 이웃에게도 예수 사랑의 향기를 풍김으로써 복음을 전파한다.

행16:14-15을 읽고 묵상하라.

"두아디라 시에 있는 자색 옷감 장사로서 하나님을 섬기는 루디아라 하는 한 여자가 말을 듣고 있을 때 주께서 그 마음을 열어 바울의 말을 따르게 하신지라 그와 그 집이 다 세례를 받고 우리에게 청하여 이르되 만일 나를 주 믿는 자로 알거든 내 집에 들어와 유하라 하고 강권하며 머물게 하니라"

본문에서 루디아 가정은 이웃에게 어떠한 사랑을 베풀었는가?

____

____

③ 대화(Conversation)

행복한 성도의 가정으로 뿌리를 깊게 내리기 위해서는 가족 상호간에 사랑과 신앙을 나누며 도움을 주고받는 진지한 대화가 필요하다. 가족은 진실한 사랑의 교류가 있는 대화를 통해 화목과 신뢰, 그리고 신실한 가족의 관계로 발전한다. 특히 부부는 서로 다른 두 인격체의 만남이기 때문에 가치관, 사고방식, 성장배경이 다르다. 그러므로 조화로운 대화기법이 매우 중요하다. 특히 냉정한 비판, 침묵, 분주함, 일방적인 사고와 행동은 대화의 적이다. 부부관계 못지않게 자녀와의 대화 또한 중요하다. 자녀와의 대화시 부모는 자녀의 의견을 경청하고, 인도(유도)하며, 제안이나 가설적인 충고 등을 제시하는 것이 좋다.

자세

신6:20-21을 읽고 묵상하라.

"후일에 네 아들이 네게 묻기를 우리 하나님 여호와께서 명령하신 증거와 규례와 법도가 무슨 뜻이냐 하거든 너는 내 아들에게 이르기를 우리가 옛적에 애굽에서 바로의 종이 되었더니 여호와께서 권능의 손으로 우리를 애굽 에서 인도하여 내셨나니"

본문에서 부모와 자녀 간에 어떤 식의 대화의 장이 열려 있는가?

____

____

엡4:29,32을 읽고 묵상하라.

"무릇 더러운 말은 너희 입 밖에도 내지 말고 오직 덕을 세우는 데 소용되는 대로 선한 말을 하여 듣는 자들에게 은혜를 끼

치게 하라...서로 친절하게 하며 불쌍히 여기며 서로 용서하기를 하나님이 그리스도 안에서 너희를 용서하심과 같이 하라"

본문에서 나타나는 가족 구성원 간의 대화 기술은 무엇인가?

____

____

본문과 함께, 가족 구성원 간에 덕을 세우는 말과 입 밖에도 내지 말아야 할 말은 어떤 것들이 있는가 서로 나누어 보자.

____

____

엡4:25을 읽고 묵상하라.

"그런즉 거짓을 버리고 각각 그 이웃과 더불어 참된 것을 말하라. 이는 우리가 서로 지체가 됨이라."

본문에서 가족 구성원 간에 대화 내용은 무엇인가?

____

____

왜 가족 구성원 간에 선한 말을 하고 거짓을 버려야 하는가?

____

____

엡4:2을 읽고 묵상하라.

“모든 겸손과 온유로 하고 오래 참음으로 사랑 가운데서 서로 용납하고”

본문에서 가족 구성원간의 대화의 덕목은 무엇인가?

____

____

엡4:26을 읽고 묵상하라.

“분을 내어도 죄를 짓지 말며, 해가 지도록 분을 품지 말고”

본문에 가족 구성원 간에 반드시 하지 말아야 할 것은 무엇인가?

____

____

• 부부의 의사소통 10가지(노먼 라이트 박사)

(1) 부부가 서로 헤어져 있다 만날 때는 서로 반가운 미소로 맞으라.

(2) 상대방이 지나치게 피곤해 있거나 감정적으로 흥분해 있을 때는 심각한 주제를 토론하지 말라.

(3) 가능한 한 일정한 시간을 정해 논쟁의 여지가 있는 문제들을 토의하라.

(4) 당신은 상대방이 진정으로 하고 싶은 말을 할 때까지 인내하는 마음으로 기다리라.

(5) 상대방의 이야기 중간에 “알아요” “이해해요” “네”와 같은 말로

동의를 표현해 주라.

(6) 말과 표정이나 몸짓으로 전달하는 메시지가 서로 일치하도록 노력하라.

(7) 상대가 당신이 좋아하는 일을 했을 때, 그때 칭찬해 주거나 당신의 마음을 말로 표현하라.

(8) 아무리 사소한 일이라도 애매한 말로 표현하지 말고 구체적이고 실용적인 언어로 표현하라.

(9) 당신이 상대방에게 대답할 차례가 되었을 때는 항상 충분히 대답해 주되 지나치지 않게 대답하라.

(10) 당신이 상대방의 말을 잘 이해하지 못했거나 의도를 깨닫지 못했을 때는 다시 한 번 말해 주길 요청하라.

• 부모와 자녀의 의사소통

(1) 대화 할 수 있는 시간과 소재를 마련하라. 특히 신앙의 문제에 대해 대화 할 수 있는 기회를 자주 갖는다.

(2) 가족들 모두가 함께 대화 할 수 있는 시간을 정기적으로 가져라.

(3) 자녀들의 말은 사소한 것이라도 주의 깊게 들어주라.

(4) 자녀들의 분노와 증오, 원망을 일으킬 말을 삼가라. 가령 욕설, 무시하는 말, 저주성 발언, 위협, 모욕, 책임 추궁, 윽박지르는 말 등이다.

(5) 자녀들과 대화시 갈등 요소가 발생했을 때, 자녀를 공격하거나 모욕 비난하기보다는 부드럽게 부모의 생각을 표현하라.

(6) 자녀의 말을 그 자체로만 듣지 말고, 그 말 이면에 담긴 자녀의

심리상태와 욕구 감정 등을 파악하여 그에 대한 적절한 반응을 보여주라.

⑺ 자녀가 비언어적인 의사소통 방법으로서 침묵한다거나 불만스러운 표현과 신경질적인 태도를 보일 때 그것을 언어적으로 표현할 수 있도록 지도하라.

⑻ 자녀들이 자신에 대해 내리는 판단에 쉽게 동의하거나 맹목적으로 부정하기보다는 그것을 충분히 이해함을 나타낸 후 또 다른 가능성과 잠재력을 제시해 주라.

④ 건강(Health)

건강은 정신적, 육체적, 사회적으로 건전하여 모든 생활에 지장이 없는 상태를 말한다. 그러므로 가족 구성원의 건강은 행복한 가정의 필수적인 요소인 것이다. 가족 구성원의 건강은 단순히 육체적인 질병이 없는 상태만을 말하는 것이 아니라 앞서 언급한 바와 같이 신앙, 사랑, 대화 등과 서로의 밀접한 관계성을 가지고 있으므로 이 같은 조건들이 충족될 때, 영적, 정서적, 감정적, 육체적인 건강을 도모할 수 있다. 특히 건강은 태어날 때부터 체질적으로 결정되는 부분이 있고, 외부로부터 주어지는 경우만 있는 것이 아니므로 인간 스스로 최선의 노력을 경주 할 때, 영적, 정신적, 육체적인 건강을 유지 할 수 있다.

따라서 모든 가족 구성원들이 서로의 건강을 위해 기도하고 협력하고 도와주어야 한다.

말씀의 교훈

잠3:7-8을 읽고 묵상하라.

"스스로 지혜롭게 여기지 말지어다. 여호와를 경외하며 악을 떠날지어다. 이것이 네 몸에 양약이 되어 네 골수를 윤택하게 하리라"

본문에서 건강한 삶을 위하여 버릴 것과 추구할 것은 무엇인가?

____

____

잠4:20-22을 읽고 묵상하라.

"내 아들아 내 말에 주의하며 내가 말하는 것에 네 귀를 기울이라 그것을 네 눈에서 떠나게 하지 말며 네 마음속에 지키라. 그것은 얻는 자에게 생명이 되며 그 온 육체의 건강이 됨이니라"

본문에서 건강을 지키는 비결은 무엇인가?

____

____

고전16:13을 읽고 묵상하라.

"깨어 믿음에 굳게 서서 남자답게 강건하라"

본문에서 건강을 위한 영적인 양약은 무엇인가?

____

____

시39:12-13을 읽고 묵상하라.

"여호와여 나의 기도를 들으시며 나의 부르짖음에 귀를 기울이소서 내가 눈물 흘릴 때에 잠잠하지 마옵소서 나는 주와 함께 있는 나그네이며 나의 모든 조상들처럼 떠도나이다 주는 나를 용서하사 내가 떠나 없어지기 전에 나의 건강을 회복시키소서"

본문에서 건강을 회복하기 위한 영적인 방법은 무엇인가?

____

____

____

잠21:15을 읽고 묵상하라.

"정의를 행하는 것이 의인에게는 즐거움이요 죄인에게는 패망이니라"

본문에서 건강을 위한 마음의 상태는 어떠해야 하는가?

____

____

____

딤전4:8을 읽고 묵상하라.

"육체의 연단은 약간의 유익이 있으나 경건은 범사에 유익하니 금생과 내생에 약속이 있느니라"

본문은 건강을 위해 어떤 노력이 필요하다고 말하는가?

____

행27:34을 읽고 묵상하라.

"음식 먹기를 권하노니 이것이 너희의 구원을 위하는 것이요 너희 중 머리카락 하나도 잃을 자가 없으리라 하고"

본문에서 건강을 위하여 무엇을 섭취하라고 하는가?

렘35:5-8을 읽고 묵상하라.

"내가 레갑 사람들의 후손들에 포도주가 가득한 종지와 잔을 놓고 마시라 권하매 그들이 이르되 우리는 포도주를 마시지 아니하겠노라 레갑의 아들 우리 선조 요나답이 우리에게 명령하여 이르기를 너희와 너희 자손은 영원히 포도주를 마시지 말며 … 우리가 레갑의 아들 우리 선조 요나답이 우리에게 명령한 모든 말을 순종하여 우리와 우리 아내와 자녀가 평생 동안 포도주를 마시지 아니하며"

본문에서 건강을 위하여 무엇을 절제하라고 하는가?

건강을 위한 지침

(1) 모든 질병의 치료자는 의사이지만 그 병들을 완치케 하는 이는 하나님이심을 믿으라.

(2) 병이 생기면 의사의 치료와 함께 목사를 불러서 치유를 위한 기도를 하라.

(3) 몸은 영혼의 성전임을 기억하고 귀중히 여기라.

(4) 마음에 증오, 복수, 미움, 악한 생각을 버려라.

(5) 당신의 몸의 치유를 위해 수고하는 의사와 이웃을 위해 기도하라.

(6) 매일 성경 읽고 기도하며 육신의 운동을 하라.

(7) 성경에서 건강의 말씀들을 지키고 연구하라.

(8) 음식을 과식하지 말고 절제된 음식을 먹도록 하라.

⑤ 질서

가정에는 질서가 있어야 한다. 가족 구성원 간에 각자의 역할과 책임 및 가정에서의 생활규범이 제대로 지켜질 때 행복한 성도의 가정이 될 수 있다. 가정의 질서는 하나님의 말씀 속에서 그 원형을 찾아 볼 수 있는데, 그것은 하나님의 창조질서 속에서 출발되었기 때문이다.

가정의 질서

* 부부

가정을 이루는 기초적인 연합은 바로 부부관계이다. 부부 관계의 질서는 사랑과 순종의 관계이다.

엡5:25

"남편들아 아내 사랑하기를 그리스도께서 교회를 사랑하시고 그 교회를 위하여 자신을 주심 같이 하라"

본문에서 남편들이 아내에게 해야 할 부부관계 질서는 무엇인가?

엡5:22

"아내들이여 자기 남편에게 복종하기를 주께 하듯 하라"

본문에서 아내들이 남편들에게 해야 할 부부관계의 질서는 무엇인가?

* 부모와 자녀의 관계

시127:3

"자식들은 여호와의 기업이요 태의 열매는 그의 상급이로다"

본문에서 부모는 자녀에 대해 어떤 기본적인 태도를 가져야 하는가?

엡6:4

"또 아비들아 너희 자녀를 노엽게 하지 말고, 오직 주의 교훈과 훈계로 양육하라"

본문은 부모가 자녀를 어떻게 양육해야 한다고 말하는가?

____

____

엡6:1

"자녀들아 주 안에서 너희 부모에게 순종하라. 이것이 옳으니라"

본문에서 자녀들이 부모에게 행할 도리는 무엇인가?

____

____

3. 진단과 말씀의 관계성

자신의 가정을 말씀에 비추어 진단해 볼 때, 행복한 성도의 가정을 이루기 위하여 어떤 점이 부족했는가?

____

그리고 더욱 발전 시켜야 할 부분은 무엇인지 함께 나눌 수 있는가?

____

____

4. 변화

행복한 성도의 가정을 이루기 위하여, 지금까지 나눈 말씀을
기준으로 하여 나의 가정에 어떤 변화를 다짐 할 수 있는가?

신앙 ____________________________________

____

사랑 ____________________________________

____

대화 ____________________________________

____

건강 ____________________________________

____

질서(부부, 부모와 자녀 관계) __________________

____

5. 성도인가?

본 과를 통하여 성도의 가정이 반드시 행복할 수 있는 비결을
말씀을 통해 깨닫게 되었다. 이제 나의 가정도 주님 주시는 말
씀을 바탕으로 행복한 가정으로 세워질 줄 믿고 노력할 것이다.
그리고 나의 행복한 가정을 통하여 행복한 교회와 행복한 세상

으로 변화시킬 것이다.

사철에 봄바람 불어 잇고 하나님 아버지 모셨으니 / 믿음의 반
석도 든든하다 우리 집 즐거운 동산이라 / 고마워라 임마누엘 예수
만 섬기는 우리 집 / 고마워라 임마누엘 복되고 즐거운 하루하루

기도

주님! 감사합니다.

주님의 말씀을 통해 성도의 행복한 가정의 비결을 깨닫게 해
주시니 참으로 감사합니다. 그동안 가정에서 참된 신앙생활, 부
부간, 부자간의 진실한 사랑, 대화, 그리고 서로의 건강을 돌보
아주지 못했습니다.

주님! 용서해 주십시오.

이제부터 주님의 말씀대로 행복한 가정을 세우는데 제가 먼
저 말씀의 가르침대로 실천하겠습니다. 그리고 우리 행복한 가
정을 통해서 교회와 세상의 빛과 소금의 가족으로 나타남으로
써 예수님의 복음을 전하도록 하겠습니다.

주님! 이 모든 것을 감당할 수 있도록 저를 도와주십시오.

예수님의 이름으로 기도드립니다. 아멘

옆 좌석에 있는 형제자매의 손을 잡고 행복한 가정이 될 수
있도록 1분간 통성으로 기도하자.

해답및 해설

2. 말씀

1) 행복한 가정 조건

- 신6:1-7: 네 여호와를 경외하며, 네 여호와를 경외하며, 마음과 뜻과 힘을 다해 하나님을 사랑하며, 그의 명하신 것을 부지런히 가르치라.
  축복: 네 날이 장구하고, 복을 얻고, 크게 번성한다.
- 시128:1-6: 범사의 복과 형통이다. 아내의 축복, 자손의 축복, 영생의 복, 평강
- 삼하6:11: 하나님의 말씀이 있는 가정
- 요15:12: 사랑
- 행16:31-34: 말씀을 전하면서 세례 받게 하고, 음식으로 대접했다.
- 삼하12:15-16: 금식하며 기도했다.
- 삼상1:7-8: 내가 그대에게 열 아들보다 낫지 아니하냐
- 왕하4:17-37: 자녀를 살리기 위하여 갈멜 산에 있는 하나님의 종에게 달려갔다.
- 요19:26-27: 여자여 보소서 아들이니이다.
- 행16:14-15: 내 집에 들어와 유하라.
- 신6:20-21: 아들이 묻고 부모가 설명해 주는 "대화의 장"이 열려 있음을 볼 수 있다.
- 엡4:29-32: 선한 말(사랑과 용서하는 마음), 덕을 세우는 말: 친절한 말, 서로 용서하는 말, 입 밖에도 내지 말아야 할 말: 더러운 말.

- 엡4:25: 거짓을 버리고 참된 말을 하라.
- 엡4:2: 겸손, 온유, 참음, 용납
- 엡4:26: 분을 통한 죄
- 잠3:7-8: 버릴 것: 스스로 지혜롭게 여기는 것. 추구할 것: 여호와를 경외하며 악에서 떠나는 것.
- 잠4:20-22: 말씀을 듣고, 떠나지 말며, 지켜라.
- 고전16:13: 믿음
- 시39:12-13: 기도
- 잠 21:15: 즐거움
- 딤전4:8: 경건훈련
- 행27:34: 말씀(음식)을 먹으라.
- 렘35:5-8: 술을 절제하라.
- 엡5:25: 사랑(그리스도가 교회를 사랑하듯이 아내를 사랑)
- 엡5:22 복종(교회가 주께 대하듯이 남편에게 복종)
- 시127:3: 자식은 주님의 것
- 엡6:4: 주의 교훈과 훈계로 양육함.
- 엡6:1: 순종

제 9 권 세상에 보냄을 받은 성도입니까?

사색의 강가에서

영국에 있는 동안 WEC라는 선교 단체에서 선교사 훈련을 받았다. 그때 우리 부부가 경악했던 두 가지 일이 있었다. 한 번은 리더가 훈련생들을 WEC 건물의 지하실로 데려갔다. 컴컴한 지하실에는 버려진 옷가지들이 한가득 있었다. 그곳을 지나니까 굉장히 넓은 지하창고가 나왔다. 퀴퀴한 냄새에 나도 모르게 얼굴이 찌푸려졌다. 음산한 곳이었다.

그 지하 창고에는 옷장이 가득했다. 그 장의 칸칸마다 먼지가 켜켜이 내려앉은 짐들이 놓여 있었다. 장마다 이름과 연도가 적혀 있는 꼬리표가 하나씩 붙어 있었다. 1년된 짐도 있었고, 10 ~20년된 짐도 있었다. 우리를 인도했던 WEC 리더가 말했다.

"선교사님들은 이곳에 자기 짐을 맡기고 선교지로 갑니다."

짐들을 보면서 나도 모르게 숙연해졌다. '왜 이들은 스스로 이런 삶을 선택했을까. 가지 않아도 뭐라고 할 사람이 아무도 없었는데 왜 떠났을까.'

그곳을 지나 WEC 리더는 100명 남짓 들어갈 수 있는 작은 강당으로 우리들을 인도했다. 강당 안의 벽면에는 사진 20점이 걸려 있었다.

"WEC가 창설된 이후에 선교지에 가서 20~30 대에 순교한 젊은 선교사들의 초상화입니다."

의사, 간호사, 파일럿....., 사진 밑에 쓰인 간단한 약력을 물끄러미 쳐다보았다. 내 심장은 방망이질 쳤다. '왜 그들은 젊은 나이에 선교지에서 자신의 청춘을 다 바쳤을까? 누가 그 사람들을 선교지로 내몰았을까?

나를 위해 피 흘려 돌아가신 주님, 그 감격 때문에 그들은 주님의 명령을 따랐다. 그들은 이 세상에서 해야 할 분명한 일을 알았다. 건강도, 육체의 한계도, 그 어떠한 것도 주님의 명령을 수행하는 데 걸림돌이 될 수는 없었다. 나도 그들처럼 모든 육체에게 부어주신 주님의 단 하나의 명령을 위해 달려가야 하지 않겠는가.

이 두 가지 놀라운 광경은 WEC에서 훈련 받는 내내 나를 사로잡았다.

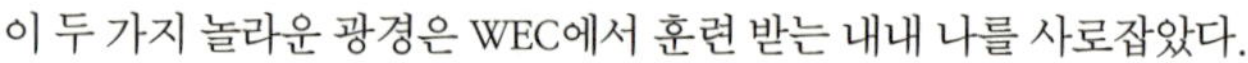

세상에 보냄을 받은 성도입니까?

성도는 하나님께서 세상에서 부르심(calling)을 받은 존재인 동시에 세상을 향해 보냄(sending)을 받은 자이다. 성도는 교회의 지체인 동시에 세상 속에 살아가야 한다. 따라서 교회의 세상을 향한 사명이 곧 성도의 사명이요, 성도의 삶이 곧 교회의 사명인 것이다. 그러므로 교회의 지체인 성도의 삶은 세상에서 복음 전파와 복음적인 윤리적 삶으로 요약 될 수 있다.

예수님은 모든 종교나 문화가 존재하는 가운데서 육신의 몸을 입고 성육신 하여 복음으로 세상과 문화를 변화시켜 나갔다. 그리고 부활 승천하시면서 그의 제자들에게 대위임령(마28:19-20)과 대계명(마22:37-40)을 실천하여 이 땅에 하나님 나라를 증거토록 분부했다.

본 과의 목적은 성도가 부름 받은 존재의 자리에만 머물러 있는 것이 아니라 세상을 향해 보내심을 받은 존재임을 깊이 인식하고 행하는 데 있다.

1. 진단

당신은 성도로 부름 받은 동시에 세상에 보냄을 받은 자라는 정체성을 가지고 신앙생활을 하고 있는가?

당신은 성도가 된 후 성도로서 세상에서 어떻게 살아야 할 것에 대해 고민을 해 본 적이 있는가?

당신이 하나님으로부터 세상에 보냄을 받았다면, 세상에서 구체적으로 어떤 사명을 감당해야 하는가? 서로 나누어 보자.

당신은 세상에서 구체적으로 어떤 복음적인 삶을 실천한 적이 있는가?
(예: 복음전도, 아웃 사랑, 용서, 섬김, 옳은 행실 등)

당신은 세상에서 성도의 삶을 실천하면서 행복을 경험한 적이 있는가? 구체적으로 어떤 사례가 있는지 서로 나누어 보자.

____

____

당신은 성도가 된 후에 복음전파의 사명을 가지고 전도와 선교에 직 간접으로 참여 해 본 적이 있는가?

____

____

당신은 성도가 된 후에 교회를 통해 선교 회비를 납부하거나 선교사를 후원한 적이 있는가?

____

____

2. 말씀

성경은 성도가 세상에서 어떻게 살아야 할 것을 구체적으로 말씀하고 있다.

첫째는 성도의 삶이요, 둘째는 복음전파이다. 이 두 가지 사명을 통해서 하나님 나라가 임하여 세상을 변화시키는 사역에 능동적으로 동참하는 것이다.

1) 복음의 삶

예수 그리스도는 세상에 오셔서 복음 그 자체인 삶의 본을 보여 주셨다. 복음은 "기쁨의 좋은 소식"(눅2:10)이요, 이는 곧 나사렛 예수 그리스도이시다(행3:6).

① 사랑

예수 그리스도의 복음의 본질은 사랑이다. 성도의 구원은 하나님 사랑의 열매이다.

성도는 예수 그리스도로부터 사랑을 받아 구원을 받았기 때문에, 그 받은 사랑을 실천하도록 세상에 보냄을 받는 자이다.

그러므로 세상에서 성도인지 아닌지를 분별하는 척도 중의 하나가 바로 사랑의 실천이다. 바울은 고린도 교회를 향하여 사랑이 없는 믿음과 소망과 은사는 아무 것도 아니며, 믿음 소망 사랑 가운데 제일은 사랑이라고 말씀하고 있다.

마22:37-40을 묵상하라.

"예수께서 이르시되 네 마음을 다하고 목숨을 다하고 뜻을 다하여 주 너의 하나님을 사랑하라 하셨으니 이것이 크고 첫째 되는 계명이요 둘째는 그와 같으니 네 이웃을 네 자신 같이 사랑하라 하셨으니 이 두 계명이 온 율법과 선지자의 강령이니라"

본문은 한 율법사가 예수를 시험하고자 "율법 중에 어느 계명이 크니이까?"라는 질문을 했을 때, 예수님께서 하신 답변이다. 이 말씀은 신학적으로 예수님의 대계명이라고 부른다. 본문의 대계명은 무엇을 말하는가?

왜 사랑을 신학적으로 대계명이라 칭하게 되었는가?

____

____

사랑은 구약의 온 율법(계명)과 선지자의 강령이라는 말씀을
이해할 수 있는가?

____

____

구약의 10계명을 두 측면의 사랑의 계명으로 요약할 수 있는
가?(십계명 중 1-4, 5-10계명을 분리하여 생각해 보라)

____

____

요일4:10-12을 묵상하라.

"사랑은 여기 있으니 우리가 하나님을 사랑한 것이 아니요 하나
님이 우리를 사랑하사 우리 죄를 속하기 위하여 화목 제물로 그 아
들을 보내셨음이라 사랑하는 자들아 하나님이 이같이 우리를 사
랑하셨은즉 우리도 서로 사랑하는 것이 마땅하도다 어느 때나 하
나님을 본 사람이 없으되 만일 우리가 서로 사랑하면 하나님이 우
리 안에 거하시고 그의 사랑이 우리 안에 온전히 이루어지느니라"

본문에서 하나님 사랑이 구체적으로 어떻게 인간에게 나타

났는가?

본문에서 하나님은 성도 사이에 무엇을 실천하도록 명령하고 있는가?

요일3:18을 묵상하라.

"자녀들아 우리가 말과 혀로만 사랑하지 말고, 오직 행함과 진실함으로 하자"

본문에서 성도는 이웃사랑의 방법을 구체적으로 어떻게 하여야 하는가?

고전8:1을 묵상하라.

"우상의 제물에 대하여는 우리가 다 지식이 있는 줄을 아나 지식은 교만하게 하며 사랑은 덕을 세우나니"

본문에서 성도가 사람의 관계에서 버릴 것과 세울 덕은 무엇인가?

벧전4:8을 묵상하라.

"무엇보다도 뜨겁게 서로 사랑할지니 사랑은 허다한 죄를 덮느니라"

본문에서 사랑은 인간의 무엇을 덮을 수 있는가?

____

____

왜 예수님의 사랑으로 다른 사람을 사랑하면 허다한 죄를 덮을 수 있는가?

____

____

당신은 한 영혼을 사랑해 본 적이 있는가? 있다면 서로 나누어 보자.

____

____

② 용서

예수 그리스도의 복음의 본질은 용서이다. 성도의 구원은 하나님의 용서하는 사랑에서 비롯된다. 사실 남을 용서하는 것은 참으로 어려운 일이다. 그러나 예수님이 나 같은 죄인의 죄를 용서하시기 위하여 십자가에 그 고통을 당하신 그 은혜를 생각하면, 성도는 그 주님의 은혜에 힘입어 세상에서 이웃에 대한 용서의 본을 보일 수 있다. 꼭 명심해야 할 용서에 대한 예수님의 가르침은 네가 이웃을 용서하지 않으면 주님께서도 나를 용서하지 않으실 것이라는 말씀을 마음 깊이 새겨야 한다. 따라서 성도가 서 있는 삶의 자리에서 그리고 성도가 모인 교회에서는 갈등과 분열의 장이 아니라 성도 서로 간에 용서함으로써 하나 됨이 있는 그리스도의 몸을 이루어 가야 한다.

사1:18을 묵상하라.

"여호와께서 말씀하시되 오라 우리가 서로 변론하자 너희의 죄가 주홍 같을지라도 눈과 같이 희어질 것이요 진홍 같이 붉을지라도 양털 같이 희게 되리라"

본문은 하나님께서 이사야를 통하여, 유다 나라가 극악한 종교를 만들고 타락했음에도 불구하고 회개를 통한 긍휼을 약속한 말씀이다.

본문에서 하나님은 어떤 분이신가?

____

____

요일1:9을 묵상하라.

"만일 우리가 우리 죄를 자백하면 그는 미쁘시고 의로우사 우리 죄를 사하시며 우리를 모든 불의에서 깨끗하게 하실 것이요"

본문은 용서에 대한 언약이다. 성도가 하나님께 죄 사함의 용서를 받는 방법은 무엇인가?

____

마6:14-15을 묵상하라.

"너희가 사람의 잘못을 용서하면 너희 하늘 아버지께서도 너희 잘못을 용서하시려니와 너희가 사람의 잘못을 용서하지 아니하면 너희 아버지께서도 너희 잘못을 용서하지 아니하시리라"

본문은 예수님의 용서에 대한 교훈이다. 본문을 통해서 성도가 자신의 잘못을 하나님께 용서 받기 위해서는 이웃의 잘못을 어떻게 하여야 하는가?

____

____

마18:21-22을 묵상하라.

"베드로가 나아와 이르되 주여 형제가 내게 죄를 범하면 몇 번이나 용서하여 주리이까? 일곱 번까지 하오리이까? 예수께서 이르시되 네게 이르노니 일곱 번뿐 아니라 일곱 번을 일흔 번까지라도 할지니라"

본문은 예수님께서 용서에 대한 범위를 말씀하셨다. 성도가 잘못이 있는 이웃을 어디까지 용서해야 하는가?

____

____

③ 섬김

예수 그리스도의 복음의 본질은 섬김이다. 예수 그리스도가 십자가에 죽으심에서 그 섬김의 완성의 본을 보이셨다. 예수 그리스도의 섬김은 하나님과 사람 그리고 세상을 향한 봉사이다. 그러므로 성도는 예수님의 섬김의 공로로 구원받은 자로서, 예수님의 섬김의 본을 따르고 세상에 실천해야 할 사명이 있다.

막10:43-45을 묵상하라.

"너희 중에는 그렇지 않을지니 너희 중에 누구든지 크고자 하는 자는 너희를 섬기는 자가 되고 너희 중에 누구든지 으뜸이 되고자 하는 자는 모든 사람의 종이 되어야 하리라. 인자가 온 것은 섬김을 받으려 함이 아니라 도리어 섬기려 하고 자기 목숨을 많은 사람의 대속물로 주려 함이니라."

본문은 예수님의 섬김에 대한 구체적인 본의 말씀이다. 그 섬김의 의미를 지닌 내용을 본문에서 찾아 말해 보라.

____

____

본문에서 대속물의 의미가 무엇이며, 그 대속물의 의미를 통한 구체적인 섬김의 내용들을 서로 생각해 보자.

____

____

요13:14-15을 묵상하라.

"내가 주와 또는 선생이 되어 너희 발을 씻었으니 너희도 서로 발을 씻어주는 것이 옳으니라. 내가 너희에게 행한 것 같이 너희도 행하게 하려 하여 본을 보였노라"

본문은 예수님께서 제자들의 발을 손수 씻어주시면서 섬김의 도에 대한 구체적인 본을 보이신 말씀이다. 본문에서 예수님은 성도에게 섬김의 도를 어떠한 자세로 실천하도록 명하고 있는가? 그리고 가정과 교회, 그리고 세상에서 섬김의 구체적인 사례를 서로 나누어 보자.

---

2) 윤리의 삶

예수님은 성도들을 천국시민으로 세상에서 복음적인 윤리적 삶을 통해 하나님 나라를 확장하도록 보내셨다.

① 빛과 소금

예수님은 성도들에게 세상에서 하나님 나라의 윤리적인 삶을 빛과 소금처럼 살도록 명하셨다. 성도는 세상에서 하나님 나라의 법과 세상의 법을 동시에 섬기고 지켜야 할 책임과 의무가 주어져 있다. 따라서 성도는 하나님의 것과 가이사의 것을 구별할 줄 알아야 한다. 그러나 성도가 하나님의 법과 세상의 법이 상충할 때는 하나님의 법을 우선해야 하나, 하나님의 법에 상충된 세상의 법에 대하여는 일단 법을 지키면서 그 세상의 법이 하나님의 법으로 변화될 수 있도록 노력하는 것이 빛과 소금 된 삶이다.

마5:13-16을 묵상하라.

"너희는 세상에 소금이니 소금이 만일 그 맛을 잃으면 무엇으로 짜게 하리요 후에는 아무 쓸 데 없어 다만 밖에 버려져 사람에게 밟힐 뿐이니라. 너희는 세상의 빛이라 산 위에 있는 동네가 숨겨지지 못할 것이요 사람이 등불을 켜서 말 아래에 두지 아니하고 등경 위에 두나니 이러므로 집 안 모든 사람에게 비치느니라. 이같이 너희 빛을 사람 앞에 비치게 하여 그들로 너희 착한 행실을 보고 하늘에 계신 너희 아버지께 영광을 돌리게 하라."

본문은 예수님께서 산상수훈을 말씀하신 후 구원받은 천국시민이 세상에서 어떠한 윤리적인 삶을 살아야 할지 구체적으로 분부하신 말씀이다. 본문에서 예수님이 명하신 천국시민의 윤리적인 삶은 무엇인가?

____

____

본문에서 소금과 빛의 구체적인 삶은 무엇인가? 본문에서 찾아보라.

____

____

소금과 빛의 특성이 무엇인가?

____

____

착한 행실은 무엇을 뜻하는가?

____

____

② 본

성도가 세상에 삶으로써 복음을 전하기 위해서는 믿는 자로서 복음적이고 윤리적 삶의 본이 되어야 한다.

살전1:3, 7을 묵상하라.

"너희의 믿음의 역사와 사랑의 수고와 우리 주 예수 그리스도에 대한 소망의 인내를 우리 하나님 아버지 앞에서 끊임없이 기억함이니.... 그러므로 너희가 마게도냐와 아가야에 있는 모든 믿는 자의 본이 되었느니라"

본문은 바울이 데살로니가 교회에 보낸 서신의 서론으로, 데살로니가 교회의 신앙생활이 마게도냐와 아가야 지방에 본이 되었음에 하나님께 감사하고 있다. 데살로니가 교회가 신앙 면에서 어떤 것이 믿는 자의 본이 되었는가?

____

____

믿음의 역사가 무엇인가? 믿음의 역사를 서로 간증해 보자.

____

____

사랑의 수고가 무엇인가? 사랑의 수고를 서로 간증해 보자.

소망의 인내가 무엇인가? 소망의 인내에 대하여 서로 간증해
보자.

딤전4:12을 묵상하라.

"누구든지 네 연소함을 업신여기지 못하게 하고 오직 말과
행실과 사랑과 믿음과 정절에 있어서 믿는 자에게 본이 되어"

본문은 바울이 디모데에게 보낸 목회서신이다. 젊은 디모데
가 목회를 하면서 어떤 면에서 믿는 자에게 본이 되도록 권면하
고 있는가?

당신은 교회의 성도로서 위의 본문에 신앙덕목 5가지 가운데
어떤 본을 끼치고 있다고 고백 할 수 있는가?

예수님은 성도와 제자들을 세상에 파송하며 복음을 전파하여 하나님 나라를 확장할 것을 명령하였다. 성도가 세상에 복음을 전파하는 것은 전도와 선교라는 신학적인 의미를 지닌다. 전도와 선교는 공히 예수 그리스도의 복음을 전파하여 하나님의 나라를 확장하는 데 그 사명이 있다. 그러므로 영혼 구원을 위하여 때나 장소에 구애 받지 않고 세상에 복음을 전파하는 파송의 의미를 지닌다. 굳이 전도와 선교를 구분한다면, 전도는 복음을 세상에 전파하는 개념으로 이해할 수 있으며(막16:15-16), 선교는 지역과 인종의 경계를 넘어 복음을 전하는 특수한 신학적인 의미로 이해할 수 있겠다.

① 전도

성도와 교회는 예수 그리스도의 복음을 세상에 전파하는 전도의 사명을 받았다.

딤후4:2을 묵상하라.

"너는 말씀을 전파하라. 때를 얻든지 못 얻든지 항상 힘쓰라"

본문은 바울이 디모데에게 복음전파를 독려한 말씀이다. 본문에서 성도는 언제 전도를 해야 하는가?

____

____

고후3:2-3을 묵상하라.

"너희는 우리의 편지라 우리 마음에 썼고 뭇 사람이 알고 읽

은 바라. 너희는 우리로 말미암아 나타난 그리스도의 편지니 이
는 먹으로 쓴 것이 아니요 오직 살아계신 하나님의 영으로 쓴 것
이며 또 돌판에 쓴 것이 아니요 오직 육의 마음판에 쓴 것이라.”

본문은 바울이 당시 자신의 사도직에 대한 사람의 천거(추천
서)를 요청받았을 때, 바울은 사도의 천거를 대신하여, 이미 자
신이 복음을 전하고 믿게 된 성도들을 추천서로 대신하고 있다.

본문에서 바울이 성도를 향하여 그리스도의 편지라고 한 의
미는 무엇인가? (저자: 하나님, 대필자: 바울, 먹: 성령, 마음판:
용지인 마음, 전달자 등에 착안하라)

____

____

성도의 마음판에 새겨진 복음이 구약의 돌판(율법)에 쓴 것이
아니고 마음판에 쓴 것은 무엇을 의미하는가? 돌판의 한계성과
마음판의 영원성을 대조해 보면서 답해보라.

____

____

복음 편지의 특성이 무엇인가?(예: 복음의 비밀, 봉함, 친전,
매개 등)

____

____

고후2:15을 묵상하라.

"우리는 구원 받는 자들에게나 망하는 자들에게나 하나님 앞에서 그리스도의 향기니"

본문은 바울이 고린도 교회에 전도는 말이 아닌 행실로 해야 함을 밝히고, 하나님과 세상에 그리스도의 향기를 풍기는 삶이 하나님께 영광이 됨을 말하고 있다.

본문에서 그리스도의 향기란 무엇인가?

향기는 자연스러운 것과 인공적인 것, 냄새 역시 기쁘게 하는 것과 악취가 나는 것, 예물 또한 향기로운 예물과 아닌 것(가인과 아벨) 등을 생각해 보면서 답해 보라.

____

____

본문에서 성도가 복음을 전하기 위해서는 세상에서 그리스도의 향기가 되어야 한다. 자신은 어떤 복음의 향기를 풍기고 있는지 함께 나누어 보자. 성령의 열매를 착안하여 함께 나누어 보자.

____

____

② 선교

교회와 성도는 선교적인 사명을 받았다.

마28:19-20을 묵상하라.

"그러므로 너희는 가서 모든 민족을 제자로 삼아 아버지와 아들과 성령의 이름으로 세례를 베풀고 내가 너희에게 분부한 모든 것을 가르쳐 지키게 하라. 볼지어다 내가 세상 끝날까지 너희와 항상 함께 있으리라 하시니라"

본문은 예수님이 부활 승천하시면서 제자들에게 명령하신 선교의 대위임령이다. 본문에서 예수님이 명령하신 선교의 4단계와 약속을 설명할 수 있는가?

____

본문에서 선교의 범위는 어디까지인가?

____

____

전도의 방법

요4:1-30을 읽고 그 방법을 찾아보자.

____

____

전도의 시기(6절)(New and Here)_______________________

____

관계성(9절)(Coder and Decoder)_______________________

____

예술(26절)(Art of Fishing)

예수님의 방법: 심리적(7-15), 도덕적(16-18), 심병적(19-26) 단계를 활용했다.

그 결과(28-30절)

함께 나누기

나는 이렇게 전도했다

나는 한 번도 전도하지 못했다. 왜?

3. 진단과 말씀의 관계성

그동안 성도와 교회의 정체성, 즉 부르심과 보내심에 대한 나의 생각과 믿음이 말씀과 일치하는가? 만약 나의 생각에 잘못 이해한 부분이 있었다면 어떤 부분인가를 말해보자. 그리고 말씀에 대한 나의 지, 정, 의의 변화를 기대할 수 있는가?

4. 변화

나는 성도요 교회의 구성원으로서 세상을 향한 변화의 삶을 기대할 수 있는가?
　예:
　복음의 삶(사랑, 용서, 섬김)＿＿＿＿＿＿＿＿＿＿＿＿＿

＿＿＿＿＿＿＿＿＿＿＿＿＿＿＿＿＿＿＿＿＿＿＿＿＿＿＿

　윤리적인 삶(빛과 소금, 본)＿＿＿＿＿＿＿＿＿＿＿＿＿

＿＿＿＿＿＿＿＿＿＿＿＿＿＿＿＿＿＿＿＿＿＿＿＿＿＿＿

　복음전파의 삶(전도와 선교)＿＿＿＿＿＿＿＿＿＿＿＿＿

＿＿＿＿＿＿＿＿＿＿＿＿＿＿＿＿＿＿＿＿＿＿＿＿＿＿＿

5. 성도인가?

　본 과를 통하여 나는 하나님으로부터 부름 받은 존재요 세상에 보냄을 받은 성도임을 확신할 수 있는가?

＿＿＿＿＿＿＿＿＿＿＿＿＿＿＿＿＿＿＿＿＿＿＿＿＿＿＿

＿＿＿＿＿＿＿＿＿＿＿＿＿＿＿＿＿＿＿＿＿＿＿＿＿＿＿

　나는 성도로서 세상에서 사랑, 용서, 섬김으로, 빛과 소금의 삶의 본을 통해 복음을 전파하는 성도임을 다시 한 번 다짐할 수 있는가?

＿＿＿＿＿＿＿＿＿＿＿＿＿＿＿＿＿＿＿＿＿＿＿＿＿＿＿

＿＿＿＿＿＿＿＿＿＿＿＿＿＿＿＿＿＿＿＿＿＿＿＿＿＿＿

온 세상 위하여 나 복음 전하리 / 만백성 모두 나와서 주 말씀 들어라 / 죄 중에 빠져서 헤매는 자들아 / 주님의 음성 곧 듣고 너 구원 받아라 / 전하고 기도해 매일 증인 되리라 / 세상 모든 사람들 듣고 그 사랑 알도록.

기도

사랑의 주님!

나 ○○○는 성도가 무엇이며, 성도의 삶이 무엇인지 이제 깨닫게 되었습니다. 그동안 교회만 다니면 구원받은 성도인 줄 알았습니다. 본 과를 통하여 다시 한 번 주님께서 나 같은 죄인을 위해 십자가에 피흘려 죽으시고 그 공로로 거룩한 성도로 불러 주심을 깨닫게 되어 감사를 드립니다.

주님께서는 나 ○○○를 세상에 보내어서 성도의 삶을 살도록 명하셨지만, 그동안 믿음이 부족해서, 알지 못해서, 깨닫지 못해서 그렇게 살지 못했습니다. 가장 가까운 이웃인 아내와 남편 그리고 자녀 친척 이웃에게 사랑도, 용서도, 섬김도, 본의 삶을 살지 못하였습니다. 그렇기 때문에 주님 주신 성도의 이름이 소금과 빛이 아닌 밟히는 소금처럼 되기도 했습니다.

주님 이 죄인 ○○○를 주님의 보혈로 다시 한 번 용서해 주십시오. 이제부터는 말 많은 성도가 아니라 복음을 실천하는 성도가 되겠습니다. 그리하여 가정, 교회, 세상에 복음을 전하고 세상을 변화시키는 성도가 되길 소망하며 다짐해 봅니다.

성령님! 제가 꼭 이런 삶을 살도록 도와주십시오.
예수님의 이름으로 기도합니다. 아멘

옆자리 형제자매의 손을 잡고 세상에서 성도의 삶을 살 수 있도록 1분간 통성으로 기도하자.
하나님께 영광의 박수를 보냅시다.

해답 및 해설

2. 말씀

1) 복음의 삶

- 마22:37-40: 하나님 사랑, 하나님 안에서 자기 사랑, 자기 사랑하듯 이웃사랑이다.

  왜 대 계명인가?: 예수 그리스도의 삶의 전체를 요약하는 가르침이기 때문이다.

  사랑이 구약의 대 계명인 이유: 구약 율법의 대표성이 십계명이다. 십계명은 하나님 사랑과 인간 사랑이기 때문에 이를 예수님께서 사랑의 대 계명으로 말씀하셨기 때문이다.

- 요일4:10-12: 예수 그리스도의 화목제물이다.

  성도 사이: 사랑의 실천을 명하심

- 요일3:18: 말과 혀가 아닌 행함과 진실함으로 하라.

- 고전8:1: 버릴 것: 교만, 입을 것: 사랑

- 벧전4:8: 허다한 죄

  왜 예수님의 사랑이 허다한 죄를 덮을 수 있는가? 예수님이 인간의 원죄와 자범죄를 사해주시기 위하여 십자가에 죽으셨기 때문이다. 그 주님의 용서의 사랑을 받은 성도가 그 주님으로부터 받은 그 사랑으로, 형제를 용서하고 사랑할 때 허다한 죄를 덮는 능력이 있다.

- 사1:18: 용서의 하나님

- 요일1:9: 죄의 자백

- 마6:14-15: 용서

- 마18:21-22: 끝없는 용서

- 막10:43-45: 섬기는 자, 종, 대속물. 대속물: 예수님이 우리 죄를 대신하기 위하여 십자가에 대신 죽으면서 제물이 되심이다. 대속의 의미를 지닌 섬김: 다른 사람보다 내가 먼저 섬기는 일이다.
- 요13:14-15: 선생, 높은 자, 지도자가 먼저 발을 씻어주는 겸손의 태도이다.

2) 윤리의 삶

- 마5:13-16: 빛과 소금. 빛과 소금의 구체적인 삶: 빛은 착한 행실, 소금의 맛을 잃지 말라. 소금의 특성: 맛내고 부패 방지한다. 빛: 어둠 밝힘, 착한 행실. 착한행실: 어두움에 거하지 않음.
- 살전1:3, 7: 믿음의 역사, 사랑의 수고, 소망의 인내. 믿음의 역사: 믿는 바를 행위로 나타날 때, 사랑의 수고: 사랑의 실천, 소망의 인내: 천국의 소망을 바라보며 주님께 갈 때까지 인내하는 것.

3) 복음전파의 삶

- 딤전4:2: 말, 행실, 사랑, 믿음, 정절
- 딤후4:2: 항상 힘씀
- 고후3:2-3: 복음이 마음에 새겨져서 영원한 그리스도의 편지를 전하는 자가 되라. 복음의 편지: 오직 복음을 받는 자만이 아는 기쁨, 신비, 비밀, 개인성이다.
- 고후2:15: 그리스도인의 구원을 복음을 실천하는 삶의 본이다. 자신의 복음의 향기를 갈6:7의 성령의 9가지 열매와 함께 나누어 보라.
- 마28:19-20: 4단계; 가서, 제자삼고, 세례를 베풀고, 가르쳐 지키게 하라. 약속: 함께 하심

선교의 범위: 모든 족속

- 요4:1-30: 시기: 삶의 자리 곧 전도의 자리다(예수님 길가시다가 쉬면서 복음을 전했다. 때와 장소를 초월한다). 관계성: 전도에 온갖 장벽을 넘어라(유대인, 사마리아인 사이에는 당시 벽이 있었으나 전도는 그 벽을 초월한 우주적인 복음이다). 예술: 전도는 고기 잡은 예술과 같다(메시야에 대한 열망을 가지고 있는 자에게 즉각 그 열망의 답을 주므로 구원 받은 사람으로 낚는 어부가 될 수 있다).

- 예수님의 전도 방법:

심리적 요법: 인종의 관계를 넘어 대화를 했다. 물에 대한 주제로 이끌면서 일반적인 물과 생수를 접목한다. 여자의 생수에 대한 열망으로 이끌고 그리고 그 생수이신 예수 자신임을 알리므로 영생의 자리에 이르게 한다.

도덕적 요법: 심리적인 단계를 넘어 이제 죄의 삶을 지적한다. 이는 죄에 대한 용서함을 받아야 할 당위성의 자리에 서게 한다.

심병적 요법: 심리적, 도덕적인 단계를 통해서 예수의 만남에 대한 간절함이 진정한 예배를 통해 예수를 만나게 하면서 죄의 삶에서 영적인 치유를 받게 된다. 그때 예수 자신은 이 결정적인 순간에 복음 그 자체이신 메시야임을 알리므로 사마리아 여인은 예수를 영접하는 믿음을 가지게 한다.

결과: 사마리아 여인은 자신이 만난 메시아 예수를 동네에 전도하게 된다.

제 10 권 면류관
성도입니까?

인생에 큐 사인이 떨어지면 리허설이 없다. 흔히들 인생을 마라톤에 비유한다. 왜냐하면 면류관을 위해서 뛰기 때문이다. 마라톤은 처음부터 너무 빨리 달리는 것보다 힘을 비축해 꾸준히 달려야 한다. 레이스 도중 고난의 언덕을 만나지만 넘지 못하면 승리할 수 없다. 생수를 마시며 컨디션을 조절해 선두에서 떨어지지 않도록 페이스를 살펴야 한다. 우리의 신앙도 마찬가지다. 처음에 뜨겁다가 금방 식어버리거나 고난의 언덕을 만날 때 좌절해버리면 결코 완주할 수 없게 된다. 그러므로 씨앗이 껍질을 깨뜨려 싹으로 자라기를 기다리듯이, 강이 바다에 다다르기를 기다리듯이, 우리는 늘 나 자신의 내면을 깊이 들여다보며 면류관을 향해 한걸음씩 전진해야 한다. 하나님께서는 바울을 통해 우리에게 말씀하신다.

"선한 싸움 다 싸우고 달려갈 길을 마친 후 믿음을 지킨 자에게는 의의 면류관이 예비되어 있다"

면류관 성도입니까?

인생에게는 세 가지 고향이 있다. 첫째는 육신의 고향이요, 둘째는 마음의 고향이다. 그리고 마지막 영원한 본향이 있다. 무속에서는 영원한 본향을 저승이라 부르고, 불교에서는 극락이라고 가르친다. 그러나 기독교에서는 영원한 본향이 천국이다. 이 천국은 예수님이 이 땅에 성육신 하여 최초의 선포한 복음, 즉 완성된 하나님 나라이다. 성도는 이 영원한 본향인 천국을 날마다 사모하며 살아가는 삶이다. 천국은 현세의 고통, 사망, 눈물, 아픔의 땅과는 달리 새 하늘과 새 땅이 전개되는 곳이다. 그곳은 사망도 고통도 애통도 곡하는 것도 아픈 것도 다시 없는 낙원이다. 천국에서는 하나님이 삼위로 거하시며 이 땅에서 믿음의 승리로 걸어 온 성도의 눈에서 눈물을 씻기시고 상급인 면류관을 수여하신다. 그러므로 성도는 삶의 마지막 종착역인 천국에서 하나님이 머리에 손수 씌워 주시는 면류관의 상급을 받을 수 있는 영광의 삶으로 마무리 되어야 한다.

본 과의 목적은 성도가 저 천국에서 면류관 성도가 될 수 있도록 말씀으로 인도하는 것이다.

1. 진단

나는 지금까지 성도라는 이름으로 교회생활을 해 오고 있다.
성도의 마지막 소망과 삶의 결산은 천국에 들어가는 것이다. 그
천국을 소망하면서 현재 자신의 신앙 모습을 스스로 진단해 보
자.

1) 당신은 사람의 죽음 후 또 하나의 영원한 본향이 있다고 믿
고 있는가?

____

____

어떤 근거로 본향이 있다는 사실을 믿는가? 한 사람씩 생각하
고 있는 바를 나누어 보자(막연하게 추측, 죽은 사람들의 모습
을 보고, 무속의 저승 개념, 불교의 극락개념, 귀신사상, 성경 말
씀 등).

____

____

당신은 무속의 저승 개념과 불교의 극락 개념 그리고 기독교
의 천국을 비교하여 설명할 수 있는가?

____

2) 성경에 의하면 하나님께서 천국이 분명히 존재함을 말씀하고 있는데, 당신은 현재 그 천국이 확실히 있음을 믿고 있는가?

____

____

3) 당신은 하나님께서 믿음의 승리로 천국에 들어온 성도에게 면류관을 주신다고 약속하신 말씀을 알고 있는가?

____

____

4) 하나님께서 성도에게 주시기로 예비하신 면류관에는 어떤 종류의 것이 있는지 알고 있는가?

____

____

5) 면류관 성도는 어떤 신앙의 삶을 살아야 하는가? (믿음의 충성과 승리의 관계에서)

____

____

6) 당신이 성도라면 어떤 면류관을 받을 수 있을지에 대해 서로 생각하는 바를 나누어 보자.

____

2. 말씀

진단과 관련된 각자의 신앙생활에 대한 검증과 해답으로, 성경은 어떻게 말씀하고 있는가?

1) 본향

성경은 성도가 가야 할 영원한 본향을 제시하고 있다.

히11:16을 묵상하라.

"그들이 이제는 더 나은 본향을 사모하니 곧 하늘에 있는 것이라 이러므로 하나님이 그들의 하나님이라 일컬음 받으심을 부끄러워하지 아니하시고 그들을 위하여 한 성을 예비하셨느니라"

본문에 믿음의 선진들이 왜 더 나은 본향을 사모하고 있는가? 더 나은 본향이 무엇이며, 어디에 있으며, 누가 만들었는가?

____

____

고후5:1-2을 묵상하라.

"만일 땅에 있는 우리의 장막 집이 무너지면 하나님께서 지으신 집 곧 손으로 지은 것이 아니요 하늘에 있는 영원한 집이 우리에게 있는 줄 아느니라 참으로 우리가 여기 있어 탄식하며 하늘로부터 오는 우리 처소로 덧입기를 간절히 사모하노라"

본문은 바울이 고린도 교회에 보낸 영원한 본향에 대한 말씀이다. 땅에 있는 장막 집과 하늘에 있는 영원한 집이 무엇을 의미하고 있는지 설명할 수 있는가?

____

____

　인간이 죽음 후 가야 할 영원한 본향에 대한 확신의 고백을 본문에서 찾아 적어 보라.

____

____

　요11:25을 묵상하라.

　본문은 예수께서 죽은 지 나흘이 된 나사로를 죽음에서 살리신 표적을 통해 영원한 생명과 부활의 본향이 있음을 분명히 계시하고 있다.

　"예수께서 이르시되 나는 부활이요 생명이니 나를 믿는 자는 죽어도 살겠고, 무릇 살아서 나를 믿는 자는 영원히 죽지 아니하리니 이것을 네가 믿느냐"

　본문에서 인간의 죽음 후 또 영원한 본향이 있다는 사실을 확신할 수 있는 말씀을 찾아보라.

____

____

　계21:1-4을 찾아 함께 읽어 보라.

본문에서 영원한 본향을 다른 말로 어떻게 말씀하고 있는지
를 찾아 적어보라.

____

____

본문에서 성도가 영원히 거할 새 하늘과 새 땅인 천국은 어떤
곳인지 본문에서 찾아 적어보라.

____

____

당신은 영원한 본향을 사모한 적이 있는가? 있다면 언제 그런
생각을 하게 되었는가? 지금도 사모하며 신앙생활을 하고 있는
가? 함께 나누어 보자.

____

____

① 믿음

성경은 성도가 죽은 후 영원한 본향인 천국에 들어가는 조건
으로 믿음을 말씀하고 있다.

요3:16을 묵상하라.

"하나님이 세상을 이처럼 사랑하사 독생자를 주셨으니 이는
그를 믿는 자마다 멸망하지 않고 영생을 얻게 하려 하심이라"

본문에서 예수님은 성도가 천국(영생)에 들어 갈 수 있는 조

건으로 무엇을 요구하고 있는가?

____

____

롬1:16을 묵상하라.

"내가 복음을 부끄러워하지 아니하노니 이 복음은 모든 믿는 자에게 구원을 주시는 하나님의 능력이 됨이라. 첫째는 유대인에게요 그리고 헬라인에게로다"

본문에서 바울은 어떤 자가 구원을 얻는다고 증거하고 있는가?

____

____

딤후4:7을 묵상하라.

"나는 선한 싸움을 싸우고 나의 달려갈 길을 마치고 믿음을 지켰으니"

본문은 바울이 제자 디모데에게 보낸 목회서신의 한 내용이다. 본문에서 바울 자신이 마지막 순간까지 구원을 얻을 것으로 확신하는 것은 끝까지 무엇을 지켰기 때문인가?

____

____

② 상급

성도의 마지막 삶의 결산은 하나님 앞에서 공의로운 심판(롬 14:10)을 통해 상급이 결정된다. 성도의 상급은 구원과 함께 주어지는 영광의 면류관으로, 하나님이 이 땅에서 주신 삶에 대한 평가이다.

ⓐ 심판

모든 사람은 반드시 하나님의 심판대 앞에 서야 한다.

히9:27을 묵상하라.

"한번 죽는 것은 사람에게 정해진 것이요 그 후에는 심판이 있으리니"

본문에서 모든 사람은 반드시 죽는다는 것과 또 죽음 후에는 무엇이 있다고 하는가?

제20:13을 묵상하라.

"바다가 그 가운데에서 죽은 자들을 내주고, 또 사망과 음부도 그 가운데에서 죽은 자들을 내주매 각 사람이 자기의 행위대로 심판을 받고"

본문에서 심판의 주이신 그리스도께서 각 사람의 심판기준을 어디에 두고 있는가?

롬14:12을 묵상하라.

"이러므로 우리 각 사람이 자기 일을 하나님께 직고하리라"

본문을 보면 모든 각 사람은 심판의 주이신 그리스도 앞에서 자신이 살아온 삶의 행위를 어떻게 하는가?

벧전 4:5을 함께 읽어 보라.

당신은 생의 마지막 결산으로 하나님의 심판대 앞에 서게 됨을 알고 지금 신앙생활을 하고 있는가?

ⓑ 상

성도는 심판의 주 앞에서 받을 상이 있다.

히11:26을 묵상하라.

"그리스도를 위하여 받는 수모를 애굽의 모든 보화보다 더 큰 재물로 여겼으니 이는 상 주심을 바라봄이라"

본문에서 모세가 애굽의 왕자 신분을 버리고 그리스도를 위하여 수모 받음을 자처한 이유는 무엇인가?

빌3:13-14을 묵상하라.

"형제들아 나는 아직 내가 잡은 줄로 여기지 아니하고 오직 한 일 즉 뒤에 있는 것은 잊어버리고 앞에 있는 것을 잡으려고 푯대를 향하여 그리스도 예수 안에서 하나님이 위에서 부르신 부름의 상을 위하여 달려가노라"

본문에서 바울이 자신에게 주신 사역을 위해 오직 앞만 향하여 달려간 목적은 무엇인가?

____

____

당신은 주님의 심판대 앞에서 받을 상을 바라보면서 신앙생활을 하고 있는가?

____

____

2) 면류관

성도는 하나님의 면류관이다. 구원 받은 성도는 하나님 앞에서 받을 면류관에 대한 확신을 갖고 신앙생활을 하여야 한다.

살전2:19을 묵상하라.

"우리의 소망이나 기쁨이나 자랑의 면류관이 무엇이냐 그가 강림하실 때 우리 주 예수 앞에 너희가 아니냐"

본문은 바울이 데살로니가 교회에 보낸 서신이다. 데살로니가 교회는 환난 중에도 믿음의 역사와 사랑의 수고 그리고 소망의 인내를 가진 성도들이다. 왜 바울은 데살로니가 교회 성도들을 향하여 너희가 주님 앞에 우리의 기쁨과 자랑의 면류관이라고 격려 했는가?

당신은 하나님 앞에 기쁨과 자랑의 면류관이 될 수 있는가? 믿음, 사랑, 소망의 관점에서 서로 고백해 보자.

위의 물음과 관련 하여서, 만약 당신이 하나님 앞에 기쁨과 자랑의 면류관인 성도로 확신할 수 없다면 무엇이 부족하기 때문이라고 생각하는가?

📖 심화학습

구원과 면류관: 구원은 전적으로 믿음으로 얻어지나 상급은 늘 행함과 관련되어 진다.

면류관은 신약성서에서 두 가지 단어로 언급되고 있다. 이 두 단어는 당시 그레코-로마 세계의 경주에서 온 말이다. 첫째 헬라어는 〈디아데마〉인데, 충성의 표시로서 성경에는 충성의 면류관(계12:3, 13:1, 19:12)으로 사용되고 있다. 둘째 헬라어는 〈스데파노스〉인데, 이 단어는 상급과 보상에 관련되어 사용되었다. 성경에는 승리의 면류관(고전9:25)으로 언급되고 있다. 성도들이 영생의 세계에서 받을 영광과 상급은 다면적 성격으로 표현되고 있다. 생명의 관(계2:10, 약1:12), 썩지 않는 관(고전9:25), 자랑의 면류관(살전2:19), 의의 면류관(딤후4:8), 영광의 관(벧전5:4), 교만한 면류관(사28:1), 가시관('스데파노스'; 마27:29, 막15:17, 요19:2,5) 등이 있다.

계2:10을 묵상하라.

"너는 장차 받을 고난을 두려워하지 말라 볼지어다 마귀가 장차 너희 가운데에서 몇 사람을 옥에 던져 시험을 받게 하리니 너희가 십 일 동안 환난을 받으리라 네가 죽도록 충성하라 그리하면 내가 생명의 관을 네게 주리라"

본문에서 생명의 관은 어떤 성도에게 주어지는가?

약1:12을 묵상하라.

"시험을 참는 자는 복이 있나니 이는 시련을 견디어 낸 자가 주께서 자기를 사랑하는 자들에게 약속하신 생명의 면류관을 얻을 것이기 때문이라"

본문에서 어떤 성도가 생명의 면류관을 얻는다고 말하는가?

성경에 '시험'에 대한 언급이 있다.

시험이란 말은 구약에서 〈나사〉(시험하다)라는 히브리 단어와 신약에서 〈페이라조〉라는 헬라어 단어가 대표적으로 사용되었다.

위의 두 단어를 통하여 시험에 대한 의미를 개괄적으로 고찰 할 수 있다.

(1) 시험의 대전제

"하나님은 악에게 시험을 받지도 아니하시고 친히 아무도 시험하지 아니 하시느니라"(약1:13).

(2) 시험은 세 가지 관점에서 이해할 수 있다.

① 하나님의 관점: 하나님은 믿는 자를 결단코 시험하지 않으신다. 하나님은 믿는 자를 시험하는 것이 아니라 시련(Test)과 훈련(Training)을 하신다. 이를 통해 하나님의 공의와 선하심의 뜻을 온전하게 하려는 목적이 있다(약1:2-4, 벧전1:6). 그리고 구약에서 시험이란 말은 히브리어 〈나사〉(시험하다)인데, 이 〈나사〉는 하나님이 인간을 시험하는 의미로 사용된 부분이 있으나 그 본질은 믿음의 훈련이다. 가령 아브라함에게 이삭을 바치도록 명한 것(창22:1)과 그 외(출

16:4, 20:20, 신8:2, 16, 13:3, 시26:2, 대하32:31 등)의 내용을 통해 알 수 있다.

그리고 하나님은 믿는 자에게 하나님의 주권적인 지배를 위해서 가끔 환경의 시련을 주기도 했다. 예를 들어 바울의 육체의 가시(고후 12:8, 9), 애굽에 내리신 놀라운 일들(신4:34) 등이 그러하다.

② 사탄의 관점: 사탄의 본업은 믿는 자를 시험하는 것이다. 시험의 목적은 믿는 자들로 하여금 하나님의 공의와 선하신 뜻을 거역하게 함에 있다. 예를 들어 아담과 하와의 불순종(창3장) 욥의 하나님에 대한 불신, 환경(바울의 사탄의 가시, 고후12:7)의 시련 등이다. 사탄의 시험 방법은 유혹, 정욕, 불신, 이간, 수군수군, 분열, 갈등, 비교, 열등감, 거짓, 자학, 절망, 불안, 염려, 근심, 분열 등이 있다.

③ 사람의 관점: 사람이 시험을 받고, 또 시험을 일으키는 근본적인 원인은 욕심 때문이다(약1:14).

약1:14을 보면 "오직 각 사람이 시험을 받는 것은 자기 욕심에 끌려 미혹됨이니"라고 말씀하고 있다. 사람이 하나님을 시험한 경우가 있다. 이스라엘이 르비딤에서 여호와께 불평한 데서 찾아 볼 수 있다. 모세는 이곳을 이름하여 맛사, 즉 시험이라고 칭했다(출17:2,7, 신 6:16, 시78:18 등). 그리고 신약에 베드로는 아나니아와 삽비라의 죄를 바로 하나님을 시험하는 죄라고 했다(행15:10).

딤후4:8을 묵상하라.

"이제 후로는 나를 위하여 의의 면류관이 예비되었으므로 주

곧 의로우신 재판장이 그날에 내게 주실 것이며 내게만 아니라 주의 나타나심을 사모하는 모든 자에게도니라"

본문에서 바울은 하나님 앞에 설 때 의의 면류관을 받을 것을 확신하고 있다. 바울이 면류관을 받을 수 있는 충성된 믿음의 사역의 근거를 딤후4:6-7을 읽고 답해 보라.

____

위의 본문을 보면 바울은 자신뿐만 아니라 주의 나타나심을 사모하는 모든 자에게도 의의 면류관을 주실 것을 증거하고 있다. 당신이 주의 나타나실 때에 의의 면류관을 받기 위해서는 맡은 직분을 어떻게 감당해야 하겠는가?

____

____

빌4:1을 묵상하라.

"나의 사랑하고 사모하는 형제들, 나의 기쁨이요 면류관인 사랑하는 자들아 이와 같이 주 안에 서라"

본문은 바울이 빌립보 교회에 보낸 서신이다. 교회생활을 어떻게 하는 성도가 하나님 앞에서 면류관을 받을 수 있는가?

____

____

당신은 교회의 지체로서 성도간에 서로 협력하고 존중하며 사랑하는 교회생활을 하고 있는가?

____

____

고전9:25을 묵상하라.

"이기기를 다투는 자마다 모든 일에 절제하나니 그들은 썩을 승리자의 관을 얻고자 하되 우리는 썩지 아니할 것을 얻고자 하노라"

본문에서 성도가 하나님의 일을 하면서 성도 간에 어떤 자세로 일해야 썩지 않는 승리의 관을 받을 수 있겠는가?

____

____

벧전5:4을 묵상하라.

"그리하면 목자장이 나타나실 때에 시들지 아니하는 영광의 관을 얻으리라"

본문은 직분 받은 자가 그 사명을 잘 감당했을 때 수여하는 영광의 관에 대한 말씀이다. 벧전5:1-3을 읽고 직분자의 감당해야 할 사명이 무엇이라고 생각하는가?

____

____

당신은 교회에서 직분을 받았는가? 만약 직분을 받았다면 그 직분의 사역을 잘 감당하고 있다고 확신하는가? 그리고 썩지 않는 승리자의 관을 받을 수 있음을 확신하는가?

사28:1을 묵상하라.

"에브라임의 술취한 자들의 교만한 면류관은 화 있을진저 술에 빠진 자의 성 곧 영화로운 관같이 기름진 골짜기 꼭대기에 세운 성이여 쇠잔해 가는 꽃 같으니 화 있을진저"

교만은 하나님 앞에 패망의 선봉이다. 본문에서 어떤 자가 교만의 면류관을 받는지 말해 보자.

왜 술 취함이 교만한 면류관이 되는가? 당신의 생각을 말해 보라.

당신은 지금 술에 취해 있는가?

3. 말씀과 진단의 관계성

그동안 천국과 면류관에 대하여 귀로만 듣고 막연한 생각을 하였으나 본 과의 말씀의 묵상을 통하여 확신을 가질 수 있는가?

만약 당신이 천국과 심판 그리고 상급에 대한 말씀의 확신이 없다면 그 원인이 무엇이라고 생각하는가?

자신의 진단에 대한 말씀의 확신이 없다면 말씀을 반복하여 묵상하면서 확신을 가질 수 있도록 하나님께 기도해야 한다.

4. 변화

신앙은 반드시 지, 정, 의에 대한 삶의 변화를 동반해야 한다.
당신이 생의 마지막에 천국과 상급이 있음을 확신하고 또 하나님 앞에서 지난 삶의 모든 행위를 직고해야 한다는 사실을 믿고 있다면, 지금부터 당신의 삶에 어떤 변화를 기대할 수 있는지에 대해 각자 자신의 입술로 고백해 보자(가령 자신이 지금까

지 살아온 모든 일들 가운데 한 가지씩만 택하여, 하나님 중심
과 나 중심의 관계에서 변화를 고백해 보라).

____

____

　가정, 교회, 세상에서(하나님 중심과 나 중심의 관계에서 생
각하라)
　　나의 생각___________________________________

____

　　나의 입술___________________________________

____

　　나의 행위___________________________________

____

5. 성도인가?

　본 과를 통하여 나는 천국과 상급이 확실히 있다는 사실을 확
신하게 되었다. 이제 성도의 이름에 부끄럽지 않는 삶을 위하여
다음과 같이 결단한다.

　1) 나는 날마다 본향인 천국을 사모하며 믿음의 성도로 살아

갈 것을 다짐하는가?

____

____

　2) 나는 나의 생의 마지막 순간에 하나님 앞에서 나의 모든 것
을 직고해야 함을 늘 생각하고 하루하루 성도의 삶을 살아갈 것
을 결단하는가?

____

____

　3) 나는 주님이 예비하신 면류관을 받을 것을 확신하면서 하
나님이 맡겨주신 사명에 최선을 다하기로 다짐할 수 있는가?

____

____

360장 "행군 나팔 소리에"

행군나팔소리에 주의 호령 났으니 / 십자가의 군기를 높이 들고 나가세 / 선한 싸움 다 싸우고 의의 면류관 의의 면류관 받아 쓰리라 / 선한 싸움 다 싸우고 의의 면류관 예루살렘성에서 / 면류관 받으리 저 요단강 건너 / 우리 싸움 마치는 날 의의 면류관 예루살렘성에서.

기도

사랑의 주님!

본 과정을 통하여 모든 사람이 하나님 앞에 서야 한다는 사실과 그리고 영원한 천국과 상급인 면류관이 예비되어 있다는 분명한 사실을 확신하게 된 것을 감사 드립니다.

돌이켜 생각해 보면 성도란 이름만 달고 천국도 면류관도 확신도 없이 그저 교회당 뜰만 밟고 다녔습니다. 나의 입술은 천국 복음 증거의 입술이 되지 못했고, 나의 봉사는 형식과 사람을 의식한 체면의 봉사이기도 했습니다.

주님! 용서해 주십시오.

이제부터는 천국시민으로서 믿음의 확신을 가지며, 주님 예비하신 면류관을 바라보며, 맡겨주신 사명에 최선을 다하고자 합니다. 그리고 언제나 주님 앞에 서야 한다는 자세로 가정과 교회와 세상에서 성도의 입술과 삶의 본이 되겠습니다. 주님! 부디 이 결심이 천국 들어가는 그 날까지 유지될 수 있도록 성령님도와주십시오.

　예수님의 이름으로 기도드립니다. 아멘

　옆 사람과 손 잡고 다함께 천국에 들어 갈 수 있는 성도가 될
수 있도록 1분간 서로 기도하자.

　하나님께 영광의 박수를 보냅시다.

해답 및 해설

2. 말씀

- 히11:16: 예; 천국, 천국에, 하나님
- 고후5:1-2: 땅의 장막은 육신과 세상이다. 이는 반드시 무너짐이다. 하늘에 있는 영원한 집은 천국, 즉 하나님이 지으신 영원한 집이다.
- 요11:25: 부활과 생명, 영원히 죽지 않는다.
- 계21:1-4: 새 하늘과 새 땅
  상태: 모든 눈물을 닦아 주시며, 사망이 없고, 애통, 곡하는 것, 곡하는 것, 아픈 것이 없는 곳.
- 요3:16: 믿는 자
- 롬1:16: 믿는 자
- 딤후 4:7: 믿음
- 히9:27: 심판
- 계20:13: 자기의 행위대로
- 롬14:12: 직고
- 히11:26: 상 주심을 바라봄이라.
- 빌3:13-14: 그리스도 예수 안에서 하나님이 위에서 부르신 부름의 상을 위하여
- 살전2:19: 환난 중에서 믿음의 역사, 사랑의 수고, 소망의 인내했기 때문이다.
- 계2:10: 죽도록 충성한 자
- 약1:12: 주님을 사랑하는 자.
- 딤후4:8: 선한 싸움을 싸우고, 달려갈 길을 달려가고, 믿음을 지

켰다. 직분감당: 주신 사역에 최선, 좌로나 우로 치우치지 말고, 끝까지 믿음을 지키자.

- 빌4:1: 주 안에서 서라
- 고전9:25: 다투고, 절제하지 못하면 썩은 면류관의 대상이다.
- 벧전5:4: 직분자의 사명: 양무리를 억지로 하지 말고, 하나님의 뜻에 따라 자원하는 생활, 더러운 이득을 위하여 하지 말고, 양무리의 본이 되라.
- 사28:1: 술에 빠진 자, 술 취함이 왜 교만의 면류관: 하나님보다 자신의 욕망에 따른 쾌락과 방종의 생활을 하게 되기 때문이다.

성도입니까?(Ⅱ)

2010년 3월 10일 초판 발행
지 은 이 • 서임중/황보 갑 공저
발 행 처 • 선교횃불
등 록 일 • 1999년 9월 21일 제54호
등록주소 • 서울시 송파구 삼전동 103번지
전   화 • 02-2203-2739
팩   스 • 02-2203-2738
E-mail • ccm2you@gmail.com
Homepage • www.ccm2u.com